KB209906

웹소설로 국어 수업

매체 기반 수업 설계부터 리터러시 역량까지
콘텐츠 시대에 필요한 새로운 서사교육 이야기

초판 1쇄 발행 2024년 11월 15일

기획	전국국어교사모임 연수국·청강문화산업대학교
지은이	김선민 윤재오 김영희 김정예 김윤형 조인혜 강혜원
펴낸이	이영선
책임편집	이현정

편집	이일규 김선정 김문정 김종훈 이민재 이현정
디자인	김회량 위수연
독자본부	김일신 손미경 정혜영 김연수 김민수 박정래 김인환

펴낸곳 서해문집 | 출판등록 1989년 3월 16일(제406-2005-000047호)
주소 경기도 파주시 광인사길 217(파주출판도시)
전화 (031)955-7470 | 팩스 (031)955-7469
홈페이지 www.booksea.co.kr | 이메일 shmj21@hanmail.net

웹x소설로 국x어 수x업

매체 기반 수업 설계부터 리터러시 역량까지

콘텐츠 시대에 필요한 새로운 서사교육 이야기

전국국어교사모임 연수국 × 청강문화산업대학교 기획
김선민 윤재오 김영희 김정예 김윤형 조인혜 강혜원 지음

서해문집

엄기호
사회학자, 청강문화산업대학교 교수

콘텐츠의 시대다. 아침에 눈을 뜨고 저녁에 잠들 때까지 우리는 '콘텐츠'와 함께 살아간다. 유튜브 영상을 보고, 웹소설과 웹툰을 읽고, 게임 콘텐츠를 즐긴다. 때로는 연극 콘텐츠를 향유하고 소셜미디어에 올라온 레스토랑을 방문해 콘텐츠로서의 음식을 맛보며 그 사진을 찍어 소셜미디어에 올린다. 콘텐츠를 보고 듣고 읽고 즐기고 또 그 과정을 콘텐츠로 유포하며 살고 있다.

　　한때는 대중문화 혹은 미디어 문화라는 말이 문화 현상을 설명하는 핵심적 키워드였지만 이 시대는 그것을 콘텐츠라고 명명한다. 사람들은 하루하루 '콘텐츠'를 소비하며 즐기는 것에 그치지 않고 자신만의 '콘텐츠'를 가지고 있어야 한다. 콘텐츠가 향유의 대상과 상품을 넘어 가장 핵심적인 '자본'이며 '실천'이 된 것이다.

그러다 보니 콘텐츠를 읽고 만들어 올릴 줄 아는 것이 가장 중요한 역량이 되었다. 비단 대박 나는 콘텐츠로 큰돈을 벌기 위해서만이 아니다. 소소한 삶의 즐거움이나 일상적인 관계를 잘 유지하고 사회생활을 하는 데도 필요하다. 사진 한 장, 글 한 줄을 어떻게 올리냐에 따라 타인을 기쁘게 하고 자기를 돋보이게 할 수도 있지만 삶 전체가 위태로워질 수도 있다.

바로 이 점이 콘텐츠가 가진 첫 번째 특징이다. 콘텐츠의 시간은 대체로 실시간이다. 과거처럼 완성된 작품을 올리거나 시간의 간격을 꽤 크게 두고 연재를 하면 독자의 반응이 시간 간격을 두고 피드백되는 것이 아니다. 콘텐츠는 업로드되는 즉시 독자들이 반응한다. 그에 따라 콘텐츠의 방향이 바뀌고 심지어 생사가 결정된다.

이것이 콘텐츠의 두 번째 특징인 '뜨거운' 쌍방향 혹은 다방향 소통이다. 콘텐츠는 문화연구자 스튜어트 홀이 대중문화를 해석한 것처럼 제작자가 코딩coding을 하고 수용자가 디코딩de-coding(해독)하는 방식으로 작동하지 않는다.

홀의 모델에서 소비자들은 교섭적으로 혹은 전복적으로 대중문화를 읽어 낸다. 조금 더 나가면 열광적인 팬들이 2차 창작물을 만들어 향유하며 서브컬처를 형성한다. 반면 콘텐츠는 작품 자체에 영향을 끼친다. 제작자 스스로 기획할 때부터 독자의 반응을 적극 수용하는 것을 염두에 두고 창작하기 때문이다.

소비자는 콘텐츠에 직접적인 영향을 준다. 콘텐츠는 작가라는 고독한 존재의 고독한 창작의 산물이 아니라 소비자의 뜨거운 참여를 통해 제작되는 소란스러운 산물이다.

이는 콘텐츠가 기본적으로 온라인/디지털을 기반으로 시작되었다는 세 번째 특징에서 기인한다. 지금 콘텐츠라는 말은 오프라인과 아날로그 창작물에도 쓰이는 광범위한 개념이 되었지만 처음엔 디지털화된 창작물을 지칭하기 위해 사용되었다. 콘텐츠는 이론적으로 시공간의 제약 없이 무한대로 복제 가능하다.

콘텐츠의 무장소성은 스마트폰과 같이 콘텐츠를 언제 어디서든 재생할 수 있는 휴대 가능한 기계와 결합하며 대중문화와는 비교도 되지 않는 콘텐츠의 대중화를 이끌어 냈다. 시간과 장소, 심지어 언어의 경계를 넘어 지구적 수준에서의 뜨겁고 소란스러운 다방향 참여가 일어날 수 있게 된 것이다.

콘텐츠는 창작물이자 미디어이며 담론의 공간이기도 하다는 점에서 이전의 분절된 이름들과 뚜렷한 차이가 있다. 단적인 이야기로 어떤 소비자들은 창작물 자체보다 그 창작물에 달린 댓글과 다른 사람들의 반응을 소비하기 위해 콘텐츠에 접속한다. 이런 소통과 교류가 이뤄지는 장이 창작물 바깥에 있는 것이 아니라 미디어를 통해 창작물 내부로 통합되어 있는 것이 콘텐츠의 특징이다.

물론 아무것이나 콘텐츠가 되는 건 아니다. 콘텐츠는 대중과 소통 가능하도록 지적으로 가공된 것을 가리킨다. 보여 주고자 하는 대상에 대한 시선이나 내용, 전달 방식에 창작자의 독특한 해석이 덧붙여져 있어야 하며 이는 혼자 향유하기 위한 것도 아니고 그 분야의 전문가들과만 나누기 위한 것도 아니다. 범위와 규모가 어느 정도이건 콘텐츠는 대중과의 소통을 염두에 두고 공개되는 것을 전제로 만들어진다. 콘텐츠는 명백히 '대중'문화 영역이며, 대중에 의해 소비되는 서비스를 지향하는 '상품'이다.

이 때문에 콘텐츠와 서사 사이에는 긴장이 있다. 전통적 의미의 서사에는 독자를 향한 '서비스'가 들어설 여지가 없다. 세상이나 독자에게 무심한 듯 서사성 그 자체에만 천착해야 서사로서의 촘촘함과 완결성을 갖출 수 있다고 여겨진다. 그러나 대중 지향성이 분명한 콘텐츠는 대중에게 서비스를 제공하는 '엔터테인먼트'가 되어야 한다. 예능적 요소가 필수인 것이다. 2024년 전 세계에서 선풍적인 인기를 끈 〈흑백요리사〉처럼 때에 따라서는 예능적 요소를 극대화하기 위해 서사를 완전히 제거해버리기도 한다.

여기에 리터러시의 시각에서 보이는 콘텐츠 소비의 어두운 측면이 있다. 무엇보다 콘텐츠에서는 새것 편향이 매우 심하다. 리터러시의 핵심이라고 할 수 있는 반복을 통한 학습은 거의 이뤄지지 않는다. 연속하고 되풀이하며 지속적으로 읽지 않는다. 내용에 대한 가치 판단도 매우 빠른 속도로 내려진다. 다른 콘텐츠가 무한대로 있기 때문에 가치 판단이 빨리 이뤄져야 낭비하지 않을 수 있다. 아이러니하게도 콘텐츠를 소비하는 시간은 가장 생산적으로 조직되어야 하는 것이다.

설혹 가치가 있다고 판단한 콘텐츠라도 반복되면 지겨워하고 새롭게 느껴지지 않으면 대충 읽고 건너뛰며, 몰입하지 못하고 결론으로 직행하거나 다른 이에게 '공유'하는 데 몰두한다. 공유하기 위해서는 콘텐츠를 소화시키는 시간의 간격이 필요함에도 그런 여유를 거의 두지 않는다. 리터러시를 중심에 둔 사람들이 콘텐츠를 경계하고 우려하는 가장 큰 이유다. 콘텐츠 역시 '서사'이지만 그것을 소비함으로써 독자들에게 '서사적 역량'이 형성되는 것을 기대할 수 없다고 보기 때문이다.

매리언 울프의 《다시, 책으로》를 빌린다면 서사적 역량의 핵심은 '경로에 대한 감각'과 '회상의 기술'이다. 이것이 서사가 정보와 다른 점이다. 서사를 읽으면서 독자들은 뻔한 이야기라고 하더라도 그 경로가 구축되어 가는 과정, 그 경로의 궤적이 그려 내는 아름다움을 향유한다. 그리고 그것을 꼼꼼하게 읽었기 때문에 경로를 되감아 가며 다시 그려 내는 회상의 기술이 향상된다. 이 감각과 기술은 책뿐만 아니라 삶을 살아가는 데도 필수적이다. 특히 자기 삶을 서사적으로 구축하며 서사적 주체로 살기 위해서 말이다.

이런 점에서 서사교육을 핵심에 둔 전국국어교사모임 연수국과 한국 콘텐츠 창작의 산실이자 선두 기관인 청강문화산업대학교는 '콘텐츠 리터러시 시리즈'를 기획하게 되었다. 문해력이나 미디어 리터러시라는 프레임을 넘어서 콘텐츠의 시대에 서사교육이 어떤 도전을 받고 있으며 어디로 나아가야 하는지 탐색하기 위해 두 '교육'기관이 머리를 맞대고 공동 작업을 하자고 의기투합한 것이다.

그 첫 번째로 《웹소설로 국어 수업》편을 세상에 내놓는다. 서사와 콘텐츠 사이의 긴장이 가장 선명하게 나타나는 콘텐츠가 웹소설이기 때문이다. 학생들은 교사들이 선호하는 문학을 외면한다. 반면 다수의 국어 교사는 웹소설의 서사적 가치를 낮춰 본다. 이 간극 사이에서 학생들이 선호하는 콘텐츠를 어쩔 수 없이 교육현장에 적용하는 데 머무르지 않고 웹소설을 통한 새로운 서사교육의 가능성을 찾고자 했다. 이 아찔하고 야심 찬 모험을 기꺼이 하겠다는 국어 교사들과, 웹소설가를 양성하는 청강문화산업대학교 웹소설창작전공 교수 김선민이 웹소설로 가능한 수업을 기획하는 워크숍을 진행하고 각자의 교실에서 시도하며 발견한 것을 묶어 냈다. 서사교육의 현장에서 많은 쓰임이 있기를 바란다.

01 이야기를 좋아하는 마음은 같으니까
평생 독자를 발견하는 새로운 씨앗,
웹소설로 책 대화하기

차례

02 책과 나 사이에 그은 선을 지우는 일

사고의 균열을 일으키는
웹소설 읽기

03 클리셰라는 도움닫기

누구나 쓸 수 있는 즐거움에 초대하는

웹소설 창작

04 세상을 구하는 웹소설 수업

5060 동교과메이트와 함께,
시대의 욕망을 공존의 가치로 끌어오는 문학 시간

인터뷰 "이제 어떤 형태의 수업도 두렵지 않다."
        : 막무가내 후배의 수업 파트너, 오애경 부장님 후기

05 콘텐츠로 미래를 준비하는 너에게

자신의 이야기와 꿈, 욕망을 담는
웹소설 쓰기 프로젝트

06 이것은 시대를 초월한 이야기일까?

토의 질문으로 탐색하는
고전소설의 가치와 웹소설의 미래

김선민

청강문화산업대학교 만화콘텐츠스쿨 웹소설창작전공 교수

웹소설과 국어교육

웹소설을 국어교육에 접목해 보고자 하는 대부분의 선생님들은 아마 '애들이 다른 책은 안 읽어도 웹소설은 읽겠지?'라는 발상으로 시작할 것이라 생각한다. 릴스와 쇼츠에 익숙해진 오늘날의 10대들에게 텍스트 읽기는 매우 번거로운 일이다. 실제로 텍스트를 읽는 학생들과 읽지 않는 학생들의 양극화가 심하다는 것을 대학에서도 느낀다. 그나마 우리 전공의 경우에는 웹소설을 비롯한 여러 텍스트를 읽고 쓰는 데 능한 학생들임에도 읽는 텍스트의 폭이 꽤 좁았다. 자신이 좋아하는 분야와 장르만을 읽는다는 뜻이다.

콘텐츠의 다품종 시대에 모든 것을 다 읽고 소화하기란

사실상 거의 불가능한 일이다. 다양한 선택지가 있다면 당연히 자신에게 편하고 쉬운 것을 고를 가능성이 높다. 그러다 보니 받아들이는 매체의 편중 현상이 일어난다. 책이 편한 사람은 책을 더 자주 보고, 영상이 편한 사람은 영상만, 다른 매체가 편한 사람은 또 그것에만 빠져든다.

10대와 20대의 문해력이 떨어져서 심각하다는 기사가 뜰 때마다 한 번 더 고민을 하게 된다. 지금의 현상을 단순히 문해력이 떨어진다는 말로 뭉뚱그려서 표현하는 것이 적절할까에 대한 고민이다. 래퍼를 꿈꾸는 학생 중에는 라임을 맞추기 위해 어려운 어휘를 찾아보고 단어장을 만들어 외우는 학생이 있다. 게임을 많이 하는 학생 중에서도 전공자 수준의 역사적 지식을 갖추고 있는 경우가 있다. 자신이 좋아하는 분야에 대해서는 상당한 문해력을 발휘하지만 막상 상식적인 단어와 한자어는 잘 모르는 상황이 공존한다는 것이다.

전국국어교사모임 연수국과의 웹소설 워크숍은 웹소설이 이런 극단적인 매체 편중 현상을 완화하는 길이 될 수 있겠다는 기대에서 시작되었다. 웹소설은 '메타적'이고 '복합적'이다. 다양한 콘텐츠들의 소재를 모두 끌어들여 텍스트 안에 녹여서 독자들이 자연스럽게 이해할 수 있도록 만들어 준다. 내가 전혀 몰랐던 분야의 내용도 웹소설을 읽다 보면 쉽게 체득할 수 있다. 다루는 소재의 범위가 넓고, 분량 또한 길기 때문에 그 어떤 내용이라도 다룰 수 있다는 것이 웹소설의 매체적 특징이다. 문자 매체에 약한 학생들이라도 웹소설 읽기를 시도해 본다면 텍스트에 대한 진입장벽을 낮추는 계기가 되지 않을까 예상했다.

웹소설의 진입장벽과 갈래

웹소설은 단행본 형식의 출판소설과 다르게 연재형 콘텐츠로 이뤄져 있다. 장르에 따라 차이점이 있기는 하지만 기본적으로 길게 쓸수록 유리하다. 프로 웹소설 작가라면 1화 5500자의 분량을 최소 250화 이상, 주 7회 연재할 수 있어야 한다.

주로 단권으로 끝나는 일반 출판소설과 다른 분량과 창작 방식이기 때문에 속성도 다를 수밖에 없다. 특히 지치지 않고 꾸준히 서사를 유지하며 독자들의 긴장감을 붙들어 맬 수 있도록 구성을 해야 한다. 극단적인 주인공 중심의 스토리, 생략된 주인공 각성 서사, 게임적 구성 및 설정의 활용 등이 대표적이다. 무엇보다 출판소설에서는 주인공의 감정 변화와 성장, 자아 성찰이 스토리의 중요한 축이 되지만 웹소설은 그렇지 않다. 웹소설의 주인공은 정신적 트라우마나 상처로 괴로워할 시간이 없다. 빠른 외적 성장을 추구하며 미래 지향적인 스토리를 이끌어 나가는 데 주력한다. 그래야 지루할 틈이 없기 때문이다. 웹소설과 출판소설의 서사 구조가 다른 근본적인 이유가 여기에 있다.

사실 웹소설을 출판소설처럼 쓴다고 해서 잘못된 것은 아니다. 만약 출판소설의 서사 구조로 주 7회, 250화 이상의 연재를 할 자신이 있다면 그렇게 하면 된다. 물론 독자의 유입이 어느 정도가 될지는 장담할 수 없다. 웹소설이 꼭 상업적인 콘텐츠기 때문에 이런 구조를 가졌다기보다는 매체 특성에 따른 독자들의 니즈를 반영하다 보니 그에 맞는 글쓰기와 세분화된 장르, 클리셰들이 생겨났다고 할 수 있다.

여기서 한 가지 짚고 넘어갈 것은 웹소설을 이야기할 때 빠지지 않는 '회빙환' 키워드에 대한 선입견이다. 흔히 웹소설을 '회귀, 빙의, 환생'이라는 소재에만 초점을 맞춰 보는 경향이 있다. 웹소설이 기존 출판소설과 달리 자극적이고 상업적인 콘텐츠임을 강조하기 위해 드는 예시다. 이런 소재들을 활용해서 웹소설을 쓰는 것은 맞지만 오해하면 안 되는 점이 반드시 이 키워드가 있어야만 쓸 수 있는 것은 아니라는 사실이다. 회귀, 빙의, 환생은 빠른 전개를 위한 보조 수단일 뿐 결코 스토리의 핵심이라고 볼 수는 없다.

웹소설은 장르의 범위가 넓은 편이다. 크게 구분해 보자면 판타지, 무협, 현대 판타지, 로맨스, 로맨스 판타지, BL, GL 등으로 나눌 수 있다. 각각의 장르에서도 안으로 파고들어 가면 세부 하위 장르들로 나눠진다. 회빙환과 같은 키워드만으로 모든 웹소설을 표현하기에는 장르마다 담고 있는 소재와 설정들이 너무 많다. 우리가 주변에서 쉽게 접할 수 있는 요리, 아이돌, 음악, 회사원, 경제, 역사 등을 소재로 쓴 웹소설도 큰 인기를 끌고 있다. 생각할 수 있는 거의 모든 소재를 웹소설로 쓸 수 있다고 해도 과언이 아니다.

웹소설을 중세 판타지나 무협, 로맨스 판타지와 같은 서브컬처 장르로만 한정해서 생각하면 오히려 진입장벽이 높다. 학생들이 텍스트 콘텐츠와 가까워질 수 있게 하려는 취지라면 여러 웹소설을 폭넓게 알려 줘야 한다. 웹소설을 읽어 보지 않은 학생에게 취향에 맞지 않는 작품을 억지로 읽힐 경우 거부감만 더 커질 수 있다.

이는 웹소설을 국어교육에 접목하려는 교사들도 마찬가지다. 오크나 엘프가 무엇인지, 헌터물과 무협의 구파일방이 무엇인지도 모르는데 단순히 인기가 많다는 이유로 판타지나 무협을 다루면 교사와 학생 모두에게 괴로운 일이 된다. 서로의 취향에 맞는 웹소설을 찾아보며 천천히 텍스트를 읽고 몰입해 보는 훈련을 하는 것이 중요하다. 웹소설은 워낙 장르가 다양하기 때문에 개개인의 취향과 맞는 것이 하나라도 존재할 수밖에 없다.

웹소설의 근원은
무엇일까?

웹소설이 무수한 소재를 소화할 수 있는 범용성을 지니는 이유는 그 근간을 민담과 전설, 설화와 같은 서사 양식에 두고 있기 때문이다. 판타지·무협·현대 판타지 등의 남성향 장르는 영웅 성장 서사를, 로맨스·로맨스 판타지 등의 여성향 장르는 구원 성장 서사를 바탕으로 한다. 지금의 제도권 문학과 형태가 다르기는 하지만 모티프를 거슬러 올라가 보면 결국 사람들이 가장 좋아하고 재밌게 읽어 왔던 이야기를 내포하고 있다는 의미다.

이렇게 인간으로서 본능적으로 끌릴 수밖에 없는 성장 서사라는 뼈대에 흥미로운 소재들을 붙여 최대한 길게 읽을 수 있도록 형식을 가다듬고 모바일 디바이스에 알맞은 문장으로 표현한 것이 웹소설이라는 콘텐츠가 되었다고 볼 수 있다. 결국 웹소설이란 우리가 읽어 온 고전문학은 물론, 고대 그리스·로마 신화와 비슷한 맥락의 계보를 잇는 이야기의 한 갈래인 것이다. 실제로 웹소설에서는 신화적인 소재들이 많이 등장한다.

그중 가장 대중적으로 알려진 싱숑 작가의 〈전지적 독자 시점〉은 '성좌'라 불리는 신과 역사적 인물들을 적극적으로 개입시킴으로써 세계관의 범위를 확장해 간다. 이세계를 구하려는 주인공 '김독자'가 그리스 신화에 나오는 하데스(해당 작품에서 '부유한 밤의 아버지'로 지칭)의 양아들이 되어 큰 도움을 받는 식이다. 단군 신화에 나오는 인물들, 고려의 무장인 척준경 역시 김독자를 적극적으로 돕는 성좌의 역할을 맡는다. 웹소설을 통해 신화와 전설 속 인물로만 인식했던 존재들을 생생하게 살아 움직이는 캐릭터로 만날 수 있는 것이다. 많은 대중이 웹소설을 흥미롭게 읽는 이유 중 하나이기도 하다. 기존의 고전문학이나 현대소설과 달리 자신이 이해할 수 있는 언어와 소재가 표현되어 있기에 가능하다.

신화적 소재는 웹소설뿐 아니라 다양한 장르문학과 게임 같은 매체에서도 쉽게 찾아볼 수 있다. 세계적으로 큰 성공을 거둔 일본의 게임 '페이트FATE' 시리즈는 성배 전쟁에 신화 속 신과 인물을 소환해 배틀을 펼치는 내용을 담고 있다. 신화 전공자가 아닌 이상 접할 수 없는 다양한 문명권의 신들과 역사 속 인물들이 게임이라는 매체로 새롭게 조명된다.

규격화되어 있는 텍스트를 통해 주입식 교육으로 지식을 습득하는 것이 아닌, 자신의 흥미에 맞게 지식을 가공해서 체득하는 것이 오늘날의 학습법에 가깝다. 스마트폰으로 영상을 찍어서 편집해 온라인 플랫폼에 올리고 댓글로 쉴 새 없이 피드백을 받아 콘텐츠를 수정해 나가는 것이 학생들에게는 너무도 익숙한 일이다. 정보를 재구성해서 자신의 색깔을 입혀 나가는 과정이 숨 쉬듯 당연한 세대인 셈이다. 흔히 말하는 '창의성'은 이러한 재가공의 단계에서 어떻게 자기만의 개성을 더 차별성 있게 드러낼 수 있는가에서 나타난다고 생각한다. 사실 지금의 세대는 이미 창의성에 대한 훈련을 스스로 하고 있지 않은가 싶다.

웹소설 역시 그러한 흐름에서 본다면 기존의 정보를 해체하고 재구성한다는 점에서 충분히 의미 있는 콘텐츠로서의 역할을 하고 있다. 웹소설의 기능이 해체와 재구성, 개성적인 해석과 표출에 있다는 이 맥락을 먼저 이해해야 제대로 교육에 적용을 할 수 있을 것이다.

웹소설 국어교육의 방향 : 읽기와 쓰기

이러한 내용과 웹소설 창작법을 소개하는 워크숍을 4회차에 걸쳐 진행한 후, 선생님들과 함께 본격적으로 웹소설을 수업에 접목하기 위한 방법들을 논의했다. 윤재오 선생님은 자율 동아리 활동으로 웹소설 수다방을 만들었고, 조인혜 선생님은 희망자를 받아 챗GPT로 웹소설 쓰기 프로젝트를, 김정예 선생님은 중학교 도서반 동아리 학생들을 대상으로 웹소설 창작을, 김영희 선생님은 문학 시간에 웹소설 서평 쓰기를 진행했다. 김윤형 선생님은 문학과 매체 과목에서 웹소설로 사회 문제를 해결해 보는 수행평가를, 강혜원 선생님은 웹소설과 고전소설을 함께 엮어 읽는 수업을 했다.

서로 다른 방식으로 웹소설을 읽고 쓰는 활동을 진행했는데 모두 흥미로운 결과가 나타나 상당히 놀랐다. 내가 느낀 바는 두 가지였다. 첫 번째로 웹소설에 대한 학생들의 이해도에 상당히 편차가 있다는 것, 두 번째로 웹소설을 '읽는' 교육과 '쓰는' 교육 중 무엇을 할지를 먼저 정해야 한다는 것이다.

나도, 선생님들도 예상치 못했던 부분은 10대들이 웹소설을 무조건 선호하지 않는다는 사실이었다. 어떤 학생들에게 웹소설은 읽는 행위조차 굉장히 번거로운 작업이었으며, 무엇보다 웹소설 자체가 진입장벽이 꽤 높은 까다로운 콘텐츠였다. 모든 학생이 웹소설을 좋아하고, 순문학을 멀리할 것이라는 생각은 큰 착각이었던 셈이다. 앞서 웹소설의 취향을 찾아야 한다고 강조했던 이유가 바로 여기에 있다. 각자 다른 취향을 지닌 학생들에게 쉽게 글을 읽고 쓸 수 있다는 감각을 전달하기 위해서는 자신에게 잘 맞는 작품을 찾아 주는 것이 매우 중요하다.

사실 팬덤이 강한 싱숑 작가의 〈전지적 독자 시점〉, 비가 작가의 〈화산귀환〉, 백덕수 작가의 〈데뷔 못 하면 죽는 병 걸림〉과 같은 작품들은 따로 가이드를 하지 않아도 관심 있는 학생들이 알아서 찾아볼 것이다. 우리가 고려해야 할 것은 웹소설이라는 콘텐츠에 관심이 없거나, 혹은 텍스트를 읽는 것 자체에 무관심한 학생들을 끌어들이는 방법이다.

웹소설은 장르가 매우 세분화되어 있고 소재의 범위가 무척 넓기 때문에 쉽게 접근할 수 있는 주제와 내용을 담은 작품들도 꽤 많은 편이다. 음악 천재가 죽은 후 평행 세계의 중학생에게 빙의해 뮤지션으로 성장하는 과정을 담은 〈영광의 해일로〉(하제.), 어느 날 동물들의 말을 알아듣게 된 수의사의 이야기를 다룬 〈수의사님! 안녕하세요?〉(서건주), 흙수저가 강남 건물주가 되기 위해 귀신들에게 음식을 접대한다는 잔잔한 힐링물 〈저승식당〉(형상준), 로또에 당첨되어 13억을 손에 쥐었지만 애매한 금액에 계속 출근하기로 마음먹은 직장인 이야기 〈로또 1등도 출근합니다〉(서인하) 등을 들 수 있다. 이 밖에도 굉장히 다양한 작품들이 있으므로 키워드를 통해 자신의 취향에 맞는 작품들을 찾기만 한다면 지루하지 않게 텍스트를 읽는 방법을 체득할 수 있을 것이다.

한편 웹소설을 쓰는 측면에서는 오히려 기존 소설에 비해 진입장벽이 낮고 자유도가 더 높다는 점이 특징이다. 소설가로 등단을 하려면 신춘문예나 문예지 혹은 여러 공모전에서 상을 받아야 한다. 일종의 라이선스가 필요한 셈이다. 하지만 웹소설은 그런 것이 없다. 누구나 써서 플랫폼에 업로드할 수 있고, 일정 조건을 갖춘다면 유료화해서 판매를 할 수도 있다. 덕분에 웹소설을 읽는 사람의 수도 많지만 그만큼 써 보고자 하는 작가 지망생의 숫자도 많다. 각자가 생각하는 나만의 이야기를 마음껏 펼쳐 보는 것. 그것이 바로 웹소설이 지닌 가장 큰 장점이 아닐까.

이러한 이유 때문에 웹소설을 읽는 수업과 쓰는 수업은 구분이 되어야 한다. 읽는 활동을 중심으로 할 때는 웹소설의 매체적인 부분을 고려해서 다양한 소재와 장르들을 파악하고 학생들에게 맞는 것을 선정해 안내하는 시간이 반드시 선행되어야 한다. 하지만 쓰는 활동은 이보다는 좀 더 자유롭게 해 볼 여지가 있다. 문피아나 카카오페이지, 노벨피아를 비롯한 무료 플랫폼에 자신의 작품을 올려 보고 꾸준히 연재하는 경험을 할 수 있도록 독려하는 것이다. 이때 학생에게 내용상으로 피드백을 주기보다는 본인이 생각한 방식대로 주인공 캐릭터가 형상화되었는지, 장면의 연출이 독자가 이해할 수 있는 방향으로 설계되었는지, 웹소설에서 요구하는 분량과 연재 주기를 제대로 지키고 있는지 등 외적인 부분을 함께 논의하는 것이 더 중요하다. 지망생일 때는 유료화 단계까지 고려하지 않아도 되기 때문에 창작 의욕을 높이고 자신감을 갖게 해 주는 피드백이 필요하다. 내용적인 피드백은 댓글들과 '무플'을 통해 알기 싫어도 어차피 알게 된다. 그러니 교사의 입장에서 내가 모르는 내용을 어떻게 피드백해 줄지에 대한 스트레스를 굳이 받지 않아도 된다.

웹소설은 여전히 성장하며 변화하고 있는 콘텐츠이기 때

문에 활용의 범위가 매일 넓어지고 있다. 웹소설로 자유롭게 자신의 작품 세계를 표현하고, 취향에 맞는 작품들을 읽으며 문자에 익숙해질 수 있다면 충분히 교육적인 가치와 의미를 찾을 수 있을 것이라 생각한다. 이 책을 통해 웹소설을 바라보는 국어 선생님들의 시각이 달라지고, 웹소설이 국어교육에 적극 활용되면 좋겠다는 바람이다.

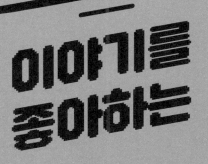

이야기를 좋아하는

마음은 같으니까

평생 독자를 발견하는
새로운 씨앗,

웹소설로
책 대화하기

01

윤재오
내면고등학교

#자율동아리

#책대화

#데못죽

#함께읽기

웹소설이라도 읽어서
다행인 세상

"선생님, 말하기 조금 민망하지만 국어 선생님에게 물어보고 싶은 것이 있어서 말씀드려요. 제가 사실은 웹소설 플랫폼에 로맨스 소설을 연재하고 있거든요. 읽는 저는 재밌는데 조회 수가 안 올라가요. 선생님이 한번 읽어 봐 줄래요?"

모임 회식을 마치고 같이 걸어오던 길이었던가. 재작년 우리 학교에 근무했던 선생님이 내 옆으로 오더니 오랫동안 간직해 온 비밀을 누설하듯이 나에게 말했다. 너무 의외의 고백이라 놀랐다. 일반인도 웹소설 연재가 가능하다는 걸 처음 알았다. 쇼츠와 릴스의 시대에 글이라는 매체가 죽지 않고 살아가는 현실이 신기했다. '웹소설이 이렇게 가까이 왔다고? 심지어 그것과 거리가 멀어 보였던 교사도 읽고 쓴다고?' 동시에 소설의 시대가 저물어 가는 신호로 보여 안타까웠다. 우리가 사랑해 온 소설과 이대로 안녕 해도 될까? 무엇보다 국어 교사로서 학생들이 웹소설에 빠지면 소설로 돌아오지 않을까 봐 불안했다.

그런데 소민이와 이야기를 하면서 웹소설을 읽는 것이 아니라 읽지 않는 것을 걱정해야 한다는 생각이 들었다.

소민은 글 읽기를 힘들어하고 내가 권하는 책에 늘 심드렁한 반응을 보이는 학생이다. 야심 차게 고른 책을 주고 어떠냐고 물어보면 "그저 그래요"라는 대답만 무한반복한다. 그때마다 "그럴 수 있지"라고 반응하면서도 끓어오르던 마음이 한소끔 가라앉는다. 그래도 소민이 재밌게 읽을 만한 책을 찾을 수 있다면 성공한 한 해라고 여기며 혹시 흥미롭게 읽은 책이 있는지 물었다. 그것에 맞춰 새로운 책을 추천할 요량이었다.

"소민아, 그동안 재밌게 읽은 소설은 없니?"

"없어요."

"웹툰, 웹소설도 안 좋아해?"

"네."

"그러면 핸드폰으로 주로 뭘 해?"

"유튜브 봐요."

"애니메이션은 좋아하면서 웹툰은 안 보는 거야?"

"네. 영상은 재생만 하면 되는데 글자는 읽으면서 생각해야 하잖아요. 귀찮아요."

소민의 말을 듣고 활자와 완전히 격리된 아이들은 웹툰도, 웹소설도 읽지 않는다는 사실을 알았다. 웹소설이라도 읽는다는 건 문자의 세계를 떠나지 않았다는 증거. 만약 수업 시간에 학생들 입맛에 맞는 웹소설을 권할 수 있다면 이것을 씨앗으로 더 다양한 읽기의 세계로 안내할 수도 있겠다 싶었다. 글로 된 이야기를 찾는 이들이 아직 있다는 사실이 새로운 희망으로 다가왔다.

그러던 중 박희병 교수님의 한국고전문학사 강의를 듣게 되었다. '누가 새로운 매체를 만드는가? 그것은 어떻게 만들어지는가? 그 이전의 것과 어떻게 다른가? 하위 주체는 어떻게 발화하는가?'가 문학사의 본질적 물음이라고 했다. 단순히 지식을 나열하는 공부는 본령에서 멀어지는 것이고 현상을 해석하는 자기만의 눈을 가져야 한단다.

은퇴한 노교수의 입에서 새로운 매체를 들여다봐야 한다는 이야기를 듣고, '그 이전에 없었던 탈춤이, 사설시조가 지금의 웹소설쯤이라고 할 수 있을까?'라는 생각이 스쳤다. 그럼 저잣거리 문학이라고 흉보던 속 좁은 양반 계층의 시선이 나에게도 있었던 게 아닐까? 웹소설 그거 수준 떨어지는 문학 아닌가. 자극적이고 폭력적인 서사로 독자를 끌어들이는 것 아닌가. 책 읽기 싫어하는 애들의 오락거리 아닌가. 알지도 못하면서 비난해 왔던 나 자신이 교만하게 느껴졌다. 국어 교사라면 새로운 매체의 등장에 누구보다 눈을 와짝 뜨고 그것의 교육적 쓰임에 대해서 고민해 봐야 하는 책임이 있다. 내 생각의 울타리에서 벗어나 자유로워지자.

서로에게 배우는
마음으로

그렇게 웹소설에 발을 들였다.[1] 하지만 나는 웹소설을 안 읽는, 아니 못 읽는 교사다. 스마트폰이나 컴퓨터 화면으로 영상은 보겠는데 글은 못 읽겠다. 연필 들고 밑줄 쫙쫙 그어야 제맛인데 이걸 못 하니 뇌에 글자가 박히지 않는다.

내가 잘 모르고 읽기도 어려운 분야라 학생들의 도움을 적극 받기로 했다. 아이들에게 기댄다는 느낌이 싫지 않았다. 교사가 지적으로 끌고 나가는 시간이 아니어서 더 편하게 느껴졌다. 서로가 서로에게 배우는 마음. 웹소설 읽기는 교사와 학생의 위치를 전복시켰다.

고등학교 1학년 국어 첫 시간, 오리엔테이션이 끝나고 떨리는 마음으로 학생들에게 물었다.

"여러분 중에 웹소설 읽는 사람 있어요?"

내 질문이 끝나자마자 세래는 뒤를 휙 하고 돌아보더니 보현과 반가운 눈빛을 교환했다. 8명(남학생 3명, 여학생 5명) 중에 2명이 읽는다고 손 들었는데 다소 조용해 보이던 세래와 보현이다. '오! 국어 시간에 웹소설에 대해 물어보는 선생님이 다 있네?' 하는 표정이다.

"둘은 무슨 작품 읽어?"

"〈데뷔 못 하면 죽는 병 걸림〉요."

"〈화산귀환〉이요."

둘 다 내가 제목은 알고 있는 작품이라 반가웠다. 단톡방에 세래, 보현을 초대해 대화의 문을 열었다. 이름하여 '웹소설 수다방'. 얼마 후 학교의 학생부장을 맡아 열게 된 전교생 학생자치회 시간에 세래와 보현을 다시 만났다. 총 17명이 동그랗게 둘러앉은 자리에서 마음 열기 질문을 던졌다.

"올해 아무리 바빠도 꼭 지키고 싶은 것은 무엇인가요?"

운동하는 것, 욕하지 않는 것 등 다양한 답변이 나오던 중 세래가 이렇게 답했다.

"국어 선생님이랑 웹소설을 읽기로 했는데 이걸 계속하고 싶어요."

나의 호기심에서 시작한 일이었는데 내 생각보다 학생들이 이 시간을 더 기다리는 것 같아서 뭉클했다. 좋아하는 일을 할 때 신나는 건 애들도 마찬가지라는 깨달음이 새롭게 감동적이었다. 청소년들이 두꺼운 책을 읽기 힘들어해서 책이 점점 얇아지는 경향이 있다는 말을 들은 적이 있다. 분량으로만 보면 웹소설은 대하소설에 가깝다. 그렇지만 그것을 자발적으로 읽을 때는 문제가 되지 않는다. 오히려 이야기가 끝나지 않기를 간절히 원하게 된다.

다만 내가 웹소설 초보자라 평가계획에 반영하기에는 부담스럽고, 방과후 수업으로 하기에는 학생들의 취향 문제가 있어서 보현, 세래와 함께 자율 동아리[2]를 꾸렸다. 주로 야간자율학습 시간에 도서관에서 만나 한 시간 정도 대화를 나누기로 했다.

> 1회차: 각자의 웹소설 역사 공유하기
> 2회차: 〈데뷔 못 하면 죽는 병 걸림〉 읽고 대화하기
> 3회차: 《우리의 정원》[3] 읽고 대화하기, 웹소설로 대화하기와 소설로 대화하기의 공통점 및 차이점 나누기

웹소설과 친하지 않은 나로서는 학생들이 웹소설과 가까워지게 된 계기가 궁금했다. 웹소설의 매력이 무엇인지 알면 나도 조금 더 그것에 닿을 수 있을 것 같았다. 웹소설 독자가 평소 소설을 읽어 온 독자인지 아닌지도 물어보고 싶었다.

〈데뷔 못 하면 죽는 병 걸림〉(이하 〈데못죽〉)을 선택한 건 가장 뜨거운 웹소설 중 하나이기 때문이다. 나처럼 웹소설이라면 고개를 절레절레 흔들던 주변 동료 교사들이 "너무 재밌어서 벌써 한 번 다 읽고 또 읽고 있어"라며 빠져든

작품이라면 뭔가 있겠다고 생각했다. 또 1화를 보니 아이돌을 소재로 한 현대 판타지물이라 나의 배경지식으로 소화할 수 있는 장르 같았다. 웹소설은 세계관이 중요하기 때문에 처음 읽는 사람들은 자신에게 맞는 장르를 찾는 과정이 필요하다. 안 읽히는 작품을 계속 붙잡고 있기보다는 여러 작품의 무료분을 읽으면서 자기 취향의 작품을 만나는 것도 웹소설과 친해질 수 있는 방법!

마지막 3회차에 읽을 책을 고르는 것이 어려웠다. 처음엔 '아이돌'이라는 소재를 중심에 두고 단편소설 〈둥둥〉[4]을 읽으려고 했는데 2회차 모임 후에 계획을 변경했다. 내가 아이들과 이 모임에서 탐구하고 싶었던 건 아이돌이라는 소재가 아니라 웹소설 대화하기와 소설 대화하기의 같고 다름이었기 때문이다. 웹소설의 대화가 소설의 대화로 전이될 수 있을까? 웹소설 독자는 소설 독자로 이어질 수 있을까? 웹소설이 비독자를 독자로 만드는 데 기여할 수 있을까? 봄에 시작한 우리의 웹소설 여행은 여름까지 계속되었다.

우리들의 웹소설
역사 공유하기

드디어 웹소설 동아리 활동이 시작되는 날. 4월 중순쯤 내가 마실 커피와 아이들에게 줄 초코우유를 가지고 도서관에 갔다. 세래와 보현은 야자 1교시에 수학 수업이 있었음에도 불구하고 지친 기색 없이 나를 맞아 줬다.

첫 시간에는 각자 어떻게 웹소설이라는 세상에 발을 담그게 되었는지 말해 보기로 했다. 아이들은 모이기 전 내가 준 질문을 바탕으로 편하게 이야기했다.

> ✦ 웹소설에 입문하게 된 계기는 무엇인가?
> ✦ 웹소설에서 댓글이 왜 중요한가?
> ✦ 나는 웹소설을 언제, 왜 읽는가?
> ✦ 웹소설과 종이책을 읽는 환경은 어떻게 다른가?

교사: 어떻게 웹소설을 읽게 되었어?

보현: 중학교 3학년 때 제가 보던 웹툰 〈데못죽〉이 휴재를 했어요. 다음 편이 궁금한데 내용을 알 수가 없어서 원작인 웹소설을 찾아 보게 되었어요. 그다음부터는 웹소설과

웹툰을 모두 꾸준히 봤어요.

세래: 저도 보현이랑 똑같아요. 중학교 3학년 때 웹툰 〈화산귀환〉을 처음으로 봤는데 휴재를 한 거예요. 그래서 웹소설을 보기 시작했는데 생각보다 재밌어서 계속 보고 있어요.

교사: 아, 둘 다 웹툰에 먼저 빠졌고 그다음 웹소설의 매력을 알게 된 거구나. 그렇게 같은 이야기를 웹툰과 웹소설로 읽었을 때 차이가 좀 있니?

보현: 〈데못죽〉이라는 웹소설을 각색해서 만든 게 웹툰이다 보니까 웹툰에는 세세하게 안 나오는 부분들이 있거든요. 잘려 나간 부분도 있고요. 소설에 자세하게 나와 있어서 더 깊이 공감하게 되었어요. 또 원래 결말이 어떤지도 알 수 있어요. 독자들이 원하지 않는다면 각색하면서 결말을 바꾸기도 하거든요.

교사: 그럼 독자들이 바뀐 결말을 더 좋아하니?

보현: 독자들은 재밌게 보다가도 결말이 마음에 안 들면 '망작'이라고 불러요. 망작이라고 불린 웹소설이 웹툰으로 각색될 때 내용이 많이 바뀌는 것 같아요.

보현이는 디자이너를, 세래는 웹툰 작가를 꿈꾸는 학생이라 그런지 웹툰을 경유해 웹소설로 오게 되었다. 인기 있는 웹소설이 웹툰으로 각색되니 이런 사례가 많을 것이다. 웹소설을 공부하기 시작했을 때 이 장르의 진입장벽이 높다는 점에 놀랐다. 마음만 먹으면 쉽게 읽을 줄 알았는데 단어가 너무 낯설어서 읽어도 도대체 무슨 소린지 모르겠다는 아이들 말에 공감했다. 웹툰은 낯선 단어가 있어도 그림을 통해 이해할 수 있어 입문이 수월하다. 실제로 2년 전 웹툰 비평문 쓰기 수업에서는 학생 대부분이 웹툰을 즐겨 봤지만 웹소설은 그렇지 않았다. 대신 웹소설을 즐겨 보는 경우 자신이 좋아하는 작품에 대한 충성도가 남달랐는데, 보현이와 세래의 대답을 듣고 왜 그런지 짐작해 볼 수 있었다. 허들을 넘어가기가 어려운 만큼 새로운 세계에 진입했을 때 그들만의 공감대가 깊이 형성되는 것 아닐까. 두 사람은 아마 본인들도 웹소설을 바로 읽었다면 이해하기 어려웠을 거라고 했다.

종이책에 등 돌리지 않는다

소설은 작가가 딱 마침표를 찍어야만 독자가 볼 수 있기 때문에 독자가 작품에 전혀 관여할 수 없지만, 웹소설은 연재

되는 것을 계속 구독하는 시스템이라 독자의 영향이 크다. 독자들의 댓글을 빼놓고는 웹소설이 전개되는 방식에 대해 말할 수 없다. 댓글이 작품의 결말을 달라지게 할 정도로 강력한 힘을 발휘한다고 들어서, 보현과 세래가 그에 대해 어떻게 생각하는지 물었다.

세래는 댓글을 잘 달지 않지만 다른 사람의 댓글을 보고 작품을 새롭게 해석할 수 있었다고 했다. '아, 다른 사람들은 이번 화를 이렇게 봤구나' 하고. 보현이도 댓글을 꼬박꼬박 읽진 않지만 다른 사람의 반응이 궁금할 때는 댓글을 보러 간댔다.

아이들의 말을 들으면서 '우리에게는 이야기를 공유하고 싶어 하는 본능이 있는 게 아닐까?' 생각했다. 댓글은 바로 온라인 책 대화하기! 댓글로 다른 독자와 소통하는 데 익숙하다면 웹소설 독자는 오히려 책 대화에 쉽게 안착할 수 있겠다. 댓글이 책 대화하기의 또 다른 형태였다는 깨달음에 이르자 대화에 흥이 올랐고 나는 연신 '와아아아' 했다. 이제 우리는 웹소설을 읽는 환경으로.

교사: 웹소설을 주로 어떤 시간, 어떤 장소, 어떤 환경에서 읽는지도 궁금해.

세래: 어디 차 타고 갈 때 읽어요. 눈이 심심해서요.

보현: 저도요. 차 타고 갈 때 다운로드받아 놓은 웹소설을 읽으면 굳이 데이터 안 써도 되거든요. 유튜브나 게임은 보다가 멀미가 나는데 웹소설은 덜해요.

교사: 내가 좋아하고 안 좋아하고도 중요하지만 나에게 이게 허용되는 상황이냐 아니냐, 그러니까 내가 통제할 수 없는 외적 변인들도 영향을 많이 미치네?

보현: 세 시간마다 한 회씩 보기도 해요. 세 시간마다 한 회씩 무료분을 볼 수가 있단 말이에요. 최근에 나온 거는 안 그렇기도 하지만요.

교사: 아까 데이터도 그렇고 이 세 시간에 한 번씩도 그렇고, 종이책은 그냥 내가 마음먹으면 시간을 조정할 수 있는데 웹소설은 돈을 내지 않는 이상 플랫폼에서 제공한 환경에 나의 독서가 좌우되는 경우가 많구나. 웹소설을 읽기 시작하면서부터 종이책 읽는 습관은 어떻게 변했어?

세래: 저는 크게 바뀐 게 없는 것 같아요.

교사: 그럼 세래는 웹소설을 읽는다고 해서 종이책을 안 읽는 건 아니라는 거야?

세래: 그렇죠. 책도 저거 한번 읽어 볼까 하면서 봐요. 종이책이랑 웹소설의 매력이 달라요. 또 책은 핸드폰보다 눈이 좀 덜 아프잖아요.

교사: 세래가 종이책을 꾸준히 읽는 이유가 있다면?

세래: 웹소설은 스크롤하면서 읽어야 되잖아요. 손을 쓰는 면에 있어서는 유튜브를 볼 때와 별 차이가 없죠. 그런데 종이책은 옆으로 넘기면서 보니까 이 행위 자체가 재밌어요. 종잇장 넘어가는 소리와 종이 질감도 좋고요. 그리고 책을 읽는 도서관이라는 공간도 좋아요.

웹소설을 읽다 보면 종이책에 등 돌린 거란 나의 걱정은 웹소설에 대한 편견이었다. 웹소설에 관심을 갖고 학생들과 이야기를 해 보니 둘 사이를 왔다 갔다 하며 자유롭게 독서하고 있었다. 올해 블로그에 '서사의 위기에 우리는 무얼 할 수 있지?'라는 글을 쓴 적이 있는데 여기에 친한 동료 교사 윤주가 단 댓글이 생각났다.

저 요새 웹소설의 바다에 빠져 사는데요, 여기 진짜 신세계. 역설적으로 다시 책을 생각하고, 수업을 생각하고, 아이들을 생각하고 있어요. 이 시대 속에서 내가 교사로서 할 수 있는(해야 하는) 일은 무엇인가?

웹소설이냐, 아니냐가 핵심이 아니었다. 서사의 위기에 공교육 교사들이 가만히 있지 말고 무엇이라도 해야 하는구나 싶어 괜히 마음이 뜨거워졌다. "요즘 애들은 책 안 읽어"라고 무기력하게 말하지 말고 무슨 이야기라도 손에 들고 건네야 한다. 이야기 교육은 함부로 누군가를 판단하지 않는 사람을 만드는 데 결정적이다. 얼마 전 최은영의 단편소설 〈씬짜오, 씬짜오〉[5]를 읽고 등장인물 인터뷰를 했을 때 서윤이 그랬다. "선생님, 엄마의 입장이 되는 것이 어려웠어요. 자꾸만 나의 입장에서 생각하게 되었어요"라고. 타인의 신발을 신어 보는 일[6]을 계속하려면 나와 아이들 모두가 좋아하는 이야기를 발견하고 이해하는 시간이 필요하다. 보현, 세래와의 첫 번째 만남은 웹소설 또한 공감의 통로가 될 수 있는 '이야기'로 여길 수 있게 했다.

대화를 나누다 보니 야자 2교시 종이 쳤다. 에듀버스[7]를 타고 집에 갈 시간이 되었다. 보현과 세래는 수업 시간에 적극적으로 자기 생각을 표현하는 편이 아니었는데, 자신이 좋아하는 것을 이야기해서 그런지 여전히 눈에서 빛이 났다.

우리는 1회 고사 후에 웹소설 〈데못죽〉을 읽고 다시 만나기로 했다. 세래가 좋아하는 〈화산귀환〉은 무협물이라 나 같은 초심자가 읽기에 어려워 보였기 때문이다. 세래도 〈데못죽〉을 같이 읽는 것이 괜찮다고 해서 첫 번째 작품으로 땅땅!

가상의 세계에서 진실 말하기
: 웹소설 형식의 힘
〈데뷔 못 하면 죽는 병 걸림〉 함께 읽기

"이게 다 뭐야?"

"〈데못죽〉 굿즈들이에요."

보현의 〈데뷔 못 하면 죽는 병 걸림〉 굿즈들

"와, 신기하다. 이게 다 파는 거야?"

보현은 〈데못죽〉을 책으로도 가지고 있었다.

"보현, 핸드폰으로 이미 다 읽은 건데 책을 또 사는 거야?”

“이건 소장용이에요.”

내가 책을 도서관에서 빌려 읽고 좋으면 소장하는 것처럼 아이들 또한 이미 다 본 내용이라 하더라도 물성을 소유하고 싶어 했다. 소설을 좋아하는 나의 마음과 웹소설을 좋아하는 아이들의 마음이 다르지 않다. 보현이의 굿즈 덕분에 한바탕 웃고 책 대화를 시작했다.

웹소설을 학생들과 함께 읽을 때 어려운 점 중 하나는 웹소설이 너무 긴데 무료로 제공되는 분량이 25화 정도라는 것이다. 보현이는 〈데못죽〉을 책으로 소장할 만큼 ‘덕후’지만 세래는 〈데못죽〉을 읽지 않았기 때문에 스마트폰으로 읽는 것에 한계가 있었다. 어떻게 할까 고민하다가 동아리 예산으로 단행본을 구입했다. 검은색 표지의 《데못죽》[8]을 받아 들고 ‘읽을 수 있겠지?’라는 걱정이 앞섰지만 생각보다 훌훌 잘 읽혔다. 같은 내용인데도 스마트폰 대신 단행본으로 읽자 조금 더 편안했다. 〈데못죽〉은 공무원 시험 준비생이었던 ‘류건우’가 3년 전으로 돌아가 아이돌 지망생 ‘박문대’의 몸으로 다시 태어나면서 벌어지는 이야기다. 박문대는 ‘데뷔가 아니면 죽음을’이라는 돌발 미션을 받고서 죽지 않기 위해 아이돌이 되려고 애를 쓴다.

기존 소설에서 전혀 보지 못했던 설정은 ‘상태창’이

다. '여긴 어디?'라는 생각이 들 정도로 형식이 낯설었는데 사건이 전개되고 그에 몰입하다 보니 익숙해졌다. 박문대에게는 '가창, 춤, 외모, 끼'와 같은 아이돌로서의 능력과 레벨을 알려 주는 상태창이 수시로 보이고, 그가 무엇인가를 시도할 때 포인트가 쌓이면서 레벨이 바뀐다. 또 가끔씩 팝업이 뜨고 슬롯머신 뽑기가 나타나는데 '잠을 자지 않아도 피곤하지 않은 특성' 등이 뽑혀 주인공이 유리한 능력을 갖게 된다. 나는 소설에 이런 것이 나오는 게 너무 신기해서 아이들에게 물어보니 게임에 있는 요소들이라 자기들은 낯설지 않단다. 이 이야기를 들으니까 웹소설이 단순 문자 매체가 아니라 영상이 문자화된 매체로 보였다. 그래서 드라마로 만들어졌을 때 인기가 폭발하는 것일까.

　이런저런 생각을 하다가 〈데못죽〉을 읽고 무엇을 중심으로 대화하는 것이 좋을지 갈피를 잡지 못했다. 우리의 구원자 김선민 교수님께 도움을 요청했다.

　"제가 다음 주에 학생들과 〈데못죽〉으로 책 대화를 할 계획인데요. 함께 이야기해 볼 만한 좋은 주제가 있을까요? 일단은 웹소설을 읽는 즐거움에 초점을 맞춰 보려고 합니다."

　"〈데못죽〉을 어디까지 읽으실지는 모르겠지만 주인공이 어떤 식으로 자기 눈앞에 있는 사건을 해결해 나가는

지를 보면 좋겠어요. 게임 시스템을 응용해서 아이돌이 되어야만 하는 주인공이 어떻게 사건을 다루고, 관계를 넓혀 가는지가 핵심일 것 같습니다."

"오! 너무 도움이 되는 말씀이에요."

내용도 중요하지만 형식, 설정이 어떻게 주제 의식에 기여하는지 논의해 보기로 했다. 왜 이 그릇에 이런 내용을 담았을까? 다음과 같은 질문을 만들어 수다방에 공유했다.

> ✦ 주인공은 어떤 식으로 자기 눈앞에 있는 문제를 해결해 나가는가?
> ✦ 게임 시스템을 응용해서 아이돌이 되어야만 하는 주인공의 운명에 대해 어떻게 생각하는가?
> ✦ 주인공은 어떤 식으로 관계를 넓혀 나가는가?

교사: 주인공이 상태창에 뜬 미션을 완료해서 포인트를 받고, 포인트로 자신을 계속 레벨업 시켜서 자기에게 닥친 문제를 해결하잖아. 이렇게 게임을 이용해서 아이돌이 되어야 하는 주인공의 운명에 대해 어떻게 생각해?

세래: 일단은 독자들이 소설에서 게임 상황이 벌어지는 것에 흥미를 느낄 것 같아요. 게임 자체가 랭킹을 매기잖아요. 게임에 참여하는 사람들 중에서 1위부터 10위까지

항상 명단을 알 수 있어요. 아이돌 오디션을 소재로 하는 〈데못죽〉과 게임 설정이 아주 잘 어울려요. 게임에서 1, 2, 3등은 뭔가 동상 같은 게 세워지기도 하거든요.

교사: 나는 게임을 해 본 적이 없어서 몰랐어. 동상까지 세워진다니 놀랍네.

보현: 주인공의 운명이 가혹하긴 해요.

교사: 그런데 얘기를 하다 보니까 아이돌만 그런 게 아니라 우리도 그런 것 같은데? 아이돌만 데뷔 못 하면 죽는 게 아니라 우리도 좋은 대학에 가지 못하거나 취업에 실패하면 죽는다고 생각하잖아.

세래: 여기 나오는 박문대가 우리 자신 같아요. 문대도 정해진 시간 안에 승부를 봐야 하잖아요. 수능 날짜를 세는 우리와 비슷해요. 하지만 저는 문대의 모습에서 위로를 받기도 했어요. 문대가 경쟁에서 이기는 것만으로 다른 삶을 사는 게 아니라 많은 사람들이랑 만나고 친해지면서 변해 가거든요.

교사: 그러게. 문대가 게임 요소로만 힘을 얻는 게 아니네.

세래의 마지막 대답에 무릎을 쳤다. 나는 경쟁에서 이기는 것만으로 문대의 관계가 확장된다고 여겼는데 다른 사람과의 관계 속에서 성장해 나간다는 사실을 정확하게 짚어 냈다. 너무 쉽게 능력을 얻는 문대를 보면서 아이들이 내 인생도 쉽게 풀렸으면 좋겠다는 헛된 희망을 품으면 어떡하지, 했는데 괜한 걱정이었다. 나보다 아이들의 눈이 밝았다.

웹소설에 왜 비현실적인 요소가 많은지도 이해가 되었다. 나는 지금의 상대평가 수시 제도 안에 있는 학생들이 과연 괜찮을지 자주 생각한다. 내 눈앞에 보이는 친구들이 나와 제로섬 게임을 하는 상대라면, 경쟁에서 뒤처질까 불안하지만 그 감정을 표현하는 것 자체가 왠지 승부에서 지는 일로 느껴질 듯하다. 이때 박문대가 말한다. '어차피 망한 인생이었는데 더 나은 조건으로 새 출발을 시켜 주는 거'라고. 내 인생은 끝났다고 생각한 순간, 다른 인생으로 다시 태어나고 싶은 순간, 다른 사람보다 더 나았으면 하는 순간에 우리가 이 문장을 만난다면 겉으로 괜찮은 척하지 않고 자신의 마음을 인정할 수 있지 않을까? '이 세상은 가짜야'라는 전제가 독자의 욕망을 안전하게 분출하도록 돕는다. 가상의 세계에서 진실 말하기. 우리는 웹소설의 형식에 대한 이야기를 이어 나갔다.

교사: 웹소설은 회귀물이 많은데, 회귀하면 원래의 삶과
달라져?

보현: 대부분 달라지긴 해요.

교사: 이건 왜 그럴까?

보현: 내가 그때 이랬으면 어떨까 미련이 생길 때가 있잖아요. 이런 욕망이 반영되는 것 같아요. 그리고 가 보지 못한 길에 대한 궁금증도 있고요. 우리가 봤던 부분에서는 나오지 않지만 뒷부분까지 읽어 보면 류건우가 실은 아이돌이 되고 싶어 했어요. 그런데 정작 본인은 그 마음을 몰랐거든요. 아이돌을 동경한다고만 생각했죠.

교사: 오! 흥미로워. 그러면 류건우가 3년 전으로 회귀하는 이유는 자기가 욕망했지만 얻지 못했던 삶을 살아 보기 위해서네. 오디션 프로그램과도 관련 있을 것 같은데, 아이돌 지망생 몇백 명을 모아다가 투표로 떨어뜨리는 '아이돌 주식회사'가 시즌 3까지 계속되었잖아. 그중에 시즌 1, 2가 아니라 3으로 돌아간 것도 이유가 있을까?

보현: 아, 시즌 3이 시작되었을 때가 류건우가 공시생이 되기로 결심한 시점이에요. 뭔가 자기 꿈을 확 놔버린 시기로 돌아간 것 아닐까요? 그리고 제일 악랄한 서바이벌 규칙이 적용될 때가 시즌 3이잖아요.

교사: 아, 주인공이 가지 못한 길로 가 보게 한 거네. 또 갈수록 경쟁이 심해지는 우리 사회를 드러내려고 시즌 3으로 돌려보냈을 수 있겠다. 실제 오디션 프로그램에서도

시청자를 자극하기 위해서 규칙이 더 정교해지고, 날카로워지잖아. 저래도 될까 싶을 만큼. 포인트로 외모나 노래 실력 같은 능력치를 쉽게 강화해서 문제를 해결하는 건 어때? 실제로는 일어나기 힘든 일인데.

세래: 대리만족이 느껴져요. 저도 가질 수 있다면 한 번쯤은 가져 보고 싶어요. 그리고 이런 설정이 주인공의 성격이나 특성을 더 두드러지게 표현하는 것 같아요.

교사: 그렇네. 웹소설은 사건도 중요하지만 주인공이 두드러지는 장르라고 들었어. 인물의 능력이 빨리 업그레이드되는 걸 보여 주려면 포인트나 특성을 획득하는 게임 설정이 효과적이겠다. 게임 요소가 웹소설 주인공의 매력을 높이는 필수 요소구나. 그래서 독자들이 주인공을 연예인처럼 '덕질'하기도 하나 보다. 그러면 SF와는 다른 웹소설의 판타지성은 무엇일까?

세래: SF의 판타지는 주인공의 매력을 강화하는 게 초점이 아닌 것 같아요. 우리가 전에 읽었던 〈푸른 머리카락〉[9]의 주인공 '재이'는 문대와 달리 다른 아이들이 멀리하는 외모를 가지고 있잖아요. 그리고 이 부분이 다름에 대한 우리의 고정관념과 편견을 드러내고 있고요. 외모나 실력이 레벨업 되면서 점점 영웅이 되어 가는 문대와 정반대조.

교사: 와, 〈푸른 머리카락〉 주인공의 외모와 〈데못죽〉 주

인공의 외모는 기능하는 방식이 완전히 다르네? 문대의 외모도 눈에 보이는 조건으로 사람을 서열화하는 우리 사회의 문제를 지적한다고 볼 수 있지만, 〈데못죽〉이 연재 작이라는 점을 감안하면 독자들의 욕망을 충족해 주는 역할이 더 클 것 같아.

〈데못죽〉을 읽기 전에는 회귀·빙의·환생이라는 구조, 상태창과 같은 웹소설의 형식이 단순히 독자의 흥미를 유발하는 장치인 줄 알았는데 아니었다. 회귀하는 인물과 시점, 게임 형식 등의 설정은 작가가 작품을 통해 말하고자 하는 바를 효과적으로 전달하기 위해 선택한 전략이었다. 웹소설은 끝말잇기처럼 이야기를 이어 놓은 것이 아니라 나에게 익숙한 소설처럼 구조를 갖춘 이야기 집이라는 사실. 〈데못죽〉으로 대화를 하면 할수록 '뭐야, 시시하잖아'라는 생각이 하나도 들지 않았다.

그리고 강한 기시감이 들었다. 다름 아닌 고전소설의 귀환. 김선민 교수님은 《구운몽》이 웹소설의 모든 매력을 다 가지고 있는 작품이라고 말씀하신 적이 있다. 최근에 드라마로도 흥행에 성공한 웹소설 〈재벌집 막내아들〉의 서사가 《구운몽》에 다 있다는 것이다. 내가 원래 알고 있던 소설들과 연결이 되면서 웹소설이 다르게 보이기 시작했다. 단행본으로 출간된 《데못죽》 1권만 읽고 토의한 것이라 내용의 정확도와 대화의 깊이에 한계가 있겠지만, 그럼에도 불구하고 웹소설의 서사적 가치를 발견할 수 있었다.

나눌 이야기가 많으면 좋은 책
《우리의 정원》 책 대화가 일깨워 준 것

〈데못죽〉과 어떤 소설을 엮어 읽을지 진짜 고민이 많았다. 최종적으로 《우리의 정원》을 고른 이유는 〈데못죽〉과 동일하게 아이돌을 소재로 하면서 청소년들의 책 대화를 전면으로 다루고 있기 때문이다. 책 대화하기가 청소년의 자아 성찰과 관계 형성, 독서 습관에 어떠한 영향을 주는지, 우리들의 책 읽기는 소설 속 모습과 얼마나 같고 다른지 이야기하는 것이 의미 있으리라 여겼다. 질문에는 웹소설과 소설을 비교하는 내용들도 넣었다.

여름방학 방과후 수업을 마친 오후에 세 번째 모임을 가졌다. 농사일이 덜 끝난 시간이라 그런지 카페에 우리밖에 없었다. 각자 주문한 차와 허니브레드를 먹으며 방학 계획을 나누고, 《우리의 정원》과 관련된 토의 질문으로 본격

적인 책 대화를 시작했다. 카페 사장님이 우리의 진지한 이
야기를 들으시더니 음악을 아예 꺼 주셨다. 덕분에 집중이
잘 되었다.

> ✦ 인상 깊게 읽은 문장과 그 이유는 무엇인가?
> ✦ '달이'를 왜 등장시켰을까?
> ✦ SNS 자아와 오프라인 자아는 어떻게 같고 다를까?

이 책의 주인공 '정원'은 현실에서 관계 맺기를 어려
워하고 SNS 친구 '달이'에게만 자신의 진심을 이야기한다.
하지만 도서반 독서회에 함께하며 마음을 편하게 털어놓
을 수 있는 오프라인 친구들이 생기자 달이가 사라져도 불
안해하지 않는다. 이들이 책 대화로, 책방을 배경으로 가까
워지며 서로의 생각과 취향을 이해하고 존중해 가는 모습
이 예사롭지 않다. 보현이는 책을 통한 우정에 집중했다.

보현: 같은 아이돌을 좋아한다는 이유로 모였지만 처음엔
서로가 누군지 잘 몰랐잖아요. 특히 정원이는 다른 사람
에게 다가가기 어려워했고요. 그러던 정원이 도서부 애들
과 관계를 깊이 이어 나간 게 인상적이었어요.

교사: 보현이 얘기처럼 단지 같은 아이돌을 좋아하는 것만으로 이렇게 친해지기 어려울 듯한데 어때?

보현: 시작은 '에이세븐'이라는 아이돌 때문이었는데 그후로는 주로 책에 대한 얘기가 나와요.

교사: 맞아. 학교 도서관에서, 동네 책방에서 같이 책을 읽지. 《카라마조프가의 형제들》을 읽고 누가 제일 잘생겼는지 토론하고.(웃음)

보현: 아이돌을 디딤돌로 친해졌다면 책이 관계를 점점 더 견고하게 하지 않았을까요?

누군가에게 책을 권하고 책을 통해 세상을 보는 일은 마음과 시간을 들여야 가능하다. 그것이 등장인물들을 안전하게 묶어 줬을 것이다.

교사: 그러면 책을 읽고 나누는 대화가 가지고 있는 힘이 뭐라고 생각해?

보현: 같은 책을 읽으면 공통점이 생겨서 그것에 대해 얘기할 수 있고, 자기가 알지 못했던 생각도 알 수 있으니까 확실히 대화가 깊어지는 것 같아요.

세래: 그리고 다른 사람이랑 얘기하다 보면 질문이 새롭게 생겨요.

교사: 왜 그럴까?

세래: 혼자 읽든, 같이 읽든 책은 읽을 수 있잖아요. 그런데 친구들과 대화한다는 생각을 하면 책을 좀 더 꼼꼼히 읽게 하는 강력한 동기가 생겨요. 그 과정에서 질문이 더 나오는 것 같고요.

한 학기 한 권 읽기가 2015 교육과정에 들어오면서 교과서 밖 수업을 시도하기가 수월해졌다. 처음에는 수업 시간에 단행본을 읽는다는 것 자체가 모험이었지만 이제는 단지 '학생들에게 책을 읽힌다'에 방점을 두지 않는다. 책을 혼자 읽는 것만큼이나 함께 읽는 것이 중요해졌다. 수업 시간에 책 읽을 시간을 줘도 혼자서는 완주하지 못하는 경우가 종종 있는데 모둠끼리 책 대화를 하게 하자 완독에 성공하는 아이들이 늘었기 때문이다. 평생 독자가 되게 하는 큰 동력 중에 하나가 책 한 권을 끝까지 읽는 경험이라는 말이 있다. 학생들이 웹소설로 책 대화를 하면서 완독을 경험한다면 비독자가 독자가 될 수도 있을 것이다.

그럼 웹소설로 대화할 때와 소설로 대화할 때는 어떻게 다를까? 질문의 방향이나 대화의 깊이에 차이가 있을까? 이런 의문을 품고 두 대화 간의 공통점과 차이점을 탐색해 보기로 했다.

> ✦ 웹소설과 소설로 대화할 때 질문은 어떻게 달라야 할까?
> ✦ 웹소설과 소설로 이야기를 나눌 때 대화의 깊이가 달라질까?
> ✦ 웹소설과 소설의 같고 다름에 대해서 더 하고 싶은 이야기가 있다면?

교사: 나는 웹소설이 자극적이고 좀 쾌락적이라는 편견이 있었어. 그래서 웹소설을 가지고 과연 의미 있는 책 대화를 할 수 있을까 의심스러웠거든. 우리가 한 번은 웹소설, 한 번은 소설로 대화했잖아. 대화할 때 어떤 점이 비슷하고 어떤 점이 달랐어?

세래: 저는 별 차이를 못 느꼈어요. 둘 다 질문을 가지고 대화하다 보니까 깊이 차이가 없었어요.

보현: 저도요.

교사: 대화의 깊이는 웹소설이냐 그냥 소설이냐에 따라 달라지지 않는다는 거지? 그럼 깊이 있는 대화를 만드는 건 무엇일까?

보현: 일단 모두가 흥미를 갖고 있는 작품이어야 할 것 같아요.

교사: 그러네. 책 자체는 되게 좋은데 그걸 소화하지 못했

을 때나 나의 취향이 아닐 때 대화가 잘 안 일어날 수 있잖아. 재료가 웹소설이냐 아니냐는 핵심이 아니구나. 그런데 교사로서 한 가지 걱정은 웹소설만 읽다가 소설은 안 읽게 되지 않을까 하는 것이거든. 이건 어떻게 생각해?

세래: 저는 〈화산귀환〉을 좋아하는데 이런 취향이 판타지 소설로도 연결되었어요.

교사: 그렇다면 웹소설 읽는 게 독서 능력에 도움이 될까?

보현: 확실히 도움이 돼요. 저는 웹소설을 읽을 때도 모르는 단어가 나오면 그 뜻을 찾아봐요. 또 웹소설은 세계관이 중요하기 때문에 그냥 소설을 읽을 때보다 상상력을 더 많이 동원해야 하는 경우가 많아요. 이런 과정이 소설을 읽는 데 당연히 도움이 되고요.

어린이와 어른의 경계라는 청소년의 특성상 그들이 잘 읽을 수 있는 작품을 찾는 것이 쉽지 않았다. 청소년 소설의 등장이 반가웠던 것도 이 때문이다. 학생들은 자기 삶과 닿아 있는 작품을 만나면 풍덩 빠져서 입을 떼기 시작했다. 좋은 책은 어려운 책이 아니라 쉽게 읽히지만 이야기할 거리가 많은 책인지도 모른다. 넓고 깊게 읽을 수 있는 웹소설은 좋은 책과 같지 않을까! 그리고 2022 개정 교육과정에는 융합선택 과목으로 '매체 의사소통'이 신설되었다.

디지털 매체 환경에서 매체 자료가 현실을 어떻게 재현하고 있는가를 분석하고 사회적 가치와 문제에 대해 의사소통하는 것이 핵심이다. 학습자에게 친숙한 소재와 사회적 쟁점을 다루는 웹소설 등의 디지털 매체가 교육과정 안으로 들어왔다. 웹소설을 읽냐, 마냐가 아니라 이를 교육적으로 의미 있게 활용해야 하는 단계에 우리는 이미 서 있다.

남이 보여 준 서사가 아니라
내가 만든 서사를 갖는 기쁨

교사: 기회가 되면 2학기 때도 웹소설과 단행본을 엮어 읽고 대화를 하고 싶은데 어때?

세래: 좋아요.

보현: 저도 계속하고 싶어요. 〈데못죽〉을 읽는 아이들과 이야기하고 싶었는데 기회가 거의 없었거든요. 같이 얘기하니까 너무 재밌어요.

교사: 그런데 지금은 영상이 대세인 시대이고, 웹소설은 문자잖아. 그럼에도 불구하고 사람들이 문자 생활을 계속한다는 게 나는 너무 신기하거든. 재미있는 게 넘쳐 나는 세상에서 너희들은 왜 계속 글을 읽어?

보현: 글을 읽으면서 상상하는 게 즐거워요. 영상은 그냥 나에게 직접적으로 주어지잖아요.

세래: 소설만의 매력이 있다고 해야 하나. 표현이 더 자세해요.

교사: 와, 문자를 좋아하는 사람은 상상하기를 좋아하는 사람이네. 이런 과정이 귀찮을 수도 있는데 상상하는 게 왜 이렇게 즐거워?

보현: 남이 만든 세상이 아니라 내가 만든 세상을 가질 수 있잖아요. 주인공의 모습도 그렇고요. 아직 완성되지 않은 세상에 저만의 이야기를 붙이면서 새로운 이야기가 만들어지는 것 같아요.

보현이의 마지막 말은 얼마 전 읽은 신형철 문학평론가의 말과 정확히 겹쳤다. 그는 어느 인터뷰에서 인간의 삶, 내면을 이해하는 역할을 제일 잘할 수 있는 매체는 영상보다 언어라고 말했다. 그래서 자신은 최고의 영화 속 한 장면과 최고의 소설 속 한 단락 중에서 고르라면 단연 후자라고.[10] 아이들에게 친숙한 언어가 섞인 웹소설은 미처 언어화하지 못했던 자신의 마음을 발견하게 하고, 새로운 이야기를 쓰도록 돕는다. 보현이는 2차원의 활자 세계를 3차원으로 일으켜 세우는 맛을 이미 알고 있었다.

웹소설 입문작으로 〈어두운 바다의 등불이 되어〉를 읽으며 놀랐던 기억이 떠올랐다. 바닷속에 건설된 네 방향의 거대 해저도시가 파노라마처럼 펼쳐졌던 작품. "목숨 말고 가진 게 없습니다"라는 문장을 만나고 우리 사회의 여러 재난 현장으로 상상이 뻗어 나가 가슴이 철렁했다. 산업 재해 피해자 김용균, 세월호 가족 등 다양한 이들이 생각났다. 웹소설을 통해 공감으로 건너가는 건 사실 어렵지 않은 일이었다.

교사: 이제 마지막 질문이야. 학교에서 웹소설을 가지고 대화해 본 게 처음인데 이 시간이 어떻게 다가왔는지 궁금해.

보현: 제가 좋아하는 웹소설로 대화를 하면서 관심이나 흥미가 확 올라갔어요. 책 대화를 안 해 본 독자들도 웹소설로 대화하자고 하면 자발적으로 나설 것 같아요. 좋아하는 마음이 강하다 보니까.

세래: 저도 평소에 많이 접하던 걸로 하니까 흥미가 더 생기던데요?

교사: 너희들 말을 듣고 보니 웹소설로 이야기하면 함께 읽는 즐거움을 확실히 알 수 있겠다. 독자들도 이것에 대한 갈증 때문에 웹소설에 댓글을 다는 것 같기도 해.

보현: 같이 읽으면 생각하는 힘도 커져요.

재미. 역시 재미에서 의미가 생긴다. 신나게 얘기하다 보니 한 시간을 훌쩍 넘겼다. 자기들이 좋아하는 것이 아니었다면 여름방학 보충 수업이 끝난 후에, 그것도 집까지 가는 버스도 없는 상황에서 남지 않았으리라. 아이들이 좋아하는 것에 몸을 기울이고 마음을 쓰는 일이 나를 더 차오르게 했다.

다음에는 세래가 좋아하는 〈화산귀환〉에 도전해 보기로 했다. 세래를 먼저 데려다주고, 보현을 나중에 내려 줬다. 집으로 가는 아이들의 뒷모습에서 웹소설과 소설을 자유롭게 넘나드는 새로운 독자가 보였다.

어떻게 읽느냐가 중요하다

나는 여전히 웹소설을 즐겨 읽지 않는다. 그러나 이제 그런 것 읽어 뭐 하냐는 식의 비난도 하지 않는다. 오히려 웹소설을 읽는다고 하면 '음, 조금만 정성을 쏟으면 소설 독자로 발아할 수 있겠군' 하는 마음이 든다. 주언이는 방과후 수업 시간에 단편소설을 권하면 "책 읽는 거 싫어해요"라고 말하는데 요즘 〈나 혼자만 레벨업〉에 푹 빠져 있다. 웹소설 수다방 덕분에 주언이의 반응이 실망스럽지 않다. 검색해 보니 내가 어려워하는 '던전'이 나오던데 이 웹소설로 출발해서 판타지 소설에 도착해 볼까? 왠지 가능할 것 같다. 웹소설 독자들이 문자와 친하다는 게 분명한 증거다.

나에게 찾아온 이 생각의 변화가 놀랍고 좋다. 우리는 서사를 좋아하는 독자라는 점에서 평등하다. 무엇을 읽느냐도 중요하지만 어떻게 읽느냐도 중요하다. 남들이 아무리 좋은 소설이라 할지라도 껍데기만 읽을 수 있고, 별로라 하더라도 깊은 이야기를 끌어 올릴 수 있기 때문이다. 웹소설을 읽는 즐거움은 무엇일까? 탐험의 여정은 시작되었다.

책과
나 사이에

그은 선을
지우는 일

사고의 균열을
일으키는

웹소설
읽기

02

김영희
대평고등학교

#토의

#서평

#전독시

#순문학

문학 창작반에 찾아온 "쾅!"

9월이 되면 학교 복도에 공지를 붙이고 소설 쓰기에 관심 있는 학생들을 모은다. 겨울방학까지 일주일에 한 번 만나 그간 쓴 글을 공유하고 합평한다. 연말이 되면 완성된 소설을 단행본 모양 인쇄물로 나눠 가진 뒤 헤어진다. 서사의 힘을 믿는 이들이 동그랗게 앉아 '좋은 이야기'를 정의하고, 생각을 온전히 옮겨 담는 표현을 골몰하는 시간이 즐거웠다. 그 순간 속에 계속 몸을 놓아두고 싶어 연례행사처럼 '문학 창작반'의 문을 열어 왔다. 하지만 인생은 언제나 나를 배신하고, 나의 작고 소중한 동아리는 변질되고 마는데….

창작반 활동 중 내가 가장 좋아한 것은 동료의 글을 차분하고 따뜻한 목소리로 읽은 뒤 돋보이는 곳을 칭찬하거나 보완할 점을 알려 주는 합평이었다. 활동 초기였던 2010년대와 지금을 견줬을 때 가장 달라진 시간이기도 하다. 합평을 하려면 낭독을 해야 하는데 요즘 우리 동아리에서 다루는 작품에는 "쾅!" "쿠직—" "그그그극! 그그그극!" 같은 음성 상징어들이 많이 쓰인다. 그 말들을 소리 내어 읽다 보면 내가 기대한 안온하고 안전한 분위기는 다른 차원의 이야기처럼 요원해진다. 그렇다, 2020년대 들어 "소설 쓸래?"라는 질문을 받았을 때 "네!" 하며 손 드는 학생의 상당수는 웹소설에 관심 있다. "네!"라는 응답 안에 "그런데 웹소설이요"라는 말이 괄호로 포함되어 있을 줄이야. 이 사실을 모르고 신규 회원을 모집한 그해의 나는 하반기 내내 음성 상징어에 깔려 살았다. 심지어 아이들의 글에는 '!@아!@#아!@'처럼 언어를 초월해 기호와 음성이 혼재된 대사도 종종 등장했는데, 그걸 읽고 있자면 피드백을 어디에서부터 어디까지 해야 할지 막막해 정신이 혼미해졌다. (웹)소설을 쓰고 싶다는 귀한 마음을 인정하지만, (순)문학이 좋아 국어 교사가 된 나로서는 이 상황을 견딜 수가 없었다. (솔직히, '!@아!@#아!@'라는 문장이 어렵지 않게 이해되어 더 참을 수 없었다.)

　　아름다운 기억만을 남기고 동아리의 문을 닫아야 하나 고민했지만 글을 쓰고 싶어 찾아오는 아이들을 막기 어려웠다. 문학 창작반의 명맥은 몇 년간 아슬아슬 유지되었다. 구슬려 보면 달라지지 않을까, '진짜 문학의 맛'을 보면 생각을 바꾸지 않을까 싶어 "실은 내가 기대한 소설 창작은 이게 아니라…" 하고 주제 변경과 문장 수정을 제안하는 말들을 주섬주섬 꺼내어 봤으나 작가님들의 마음은 쉬이 달라지지 않았다. 소설을 읽고 쓰며 얻는 즐거움, 장면을

생생하게 표현하는 법을 둘러싼 우리의 인식은 50만 광년
은 족히 떨어져 있는 것 같았다.

시작은
얄팍했다

동아리가 변질되었다며 입을 쭉 내밀고 툴툴대던 내가 수
업 시간에 학생들과 웹소설을 읽기로 한 이유는 상당히 얄
팍했다. 2차 지필평가와 방학 사이 애매한 시기의 수업 제
재로 최적이라는 판단이 섰기 때문이다. 고사 후 방학까지
남은 수업이 7차시였는데, 웹소설을 읽고 '읽기-토의-글쓰
기'의 흐름으로 이어지는 활동을 하면 맞춤한 듯 똑떨어졌
다. 웹소설이 아닌 글을 읽어도 7차시 수업을 꾸릴 수 있었
지만 웹소설로 정하면 도서 준비에 따르는 부담이 상당히
줄었다. 학생이 체감하는 '마음의 방학'은 공식 방학 일정
보다 훨씬 이르게, 고사 종료 직후 시작되는 만큼 책을 잘
준비해 올 거라고 기대하기 힘들다. 학교 예산으로 교사가
책을 마련하는 방안도 있었으나 생활기록부 작성이나 교
내 교과행사 운영 등 굵직한 학기말 업무들을 감당하며 가
외 시간을 내는 것이 여의치 않았다. 마침 웹소설 원작 드

차시	활동 내용
1~3차시	웹소설 읽으며 독서일지 작성
4~5차시	모둠 토의
6차시	서평 초고 쓰기
7차시	서평 완성하기

라마가 크게 주목받은 시기여서 학생들의 생활기록부 교과세부능력 특기사항에 웹소설 탐구 활동이 포함되면 돋보이겠다는 세속적인 셈도 있었다.

수업은 일반적인 독서 활동의 흐름을 그대로 가져와 적용했다. 그리고 싱숑 작가의 〈전지적 독자 시점〉을 함께 읽었다. 웹소설을 좋아하는 동료들에게 수업용 제재를 추천받았을 때 가장 많이 언급된 작품이었다.

〈전지적 독자 시점〉의 주인공은 웹소설 읽기가 유일한 취미인 회사원 '김독자'다. 어느 날 퇴근길 지하철에서 김독자가 10년간 읽어 온 웹소설 〈멸망한 세계에서 살아남는 세 가지 방법〉이 현실이 되며 이야기가 펼쳐진다. 세상은 한순간에 바뀐다. 온갖 몬스터가 나타나고, 인간들은 생존을 위해 다른 존재의 목숨을 앗아야만 하는 상황에 처한다. 이 대상에는 몬스터뿐 아니라 인간도 포함된다. 사람들은 끊임없이 생존과 윤리 사이에서 고민한다. 이 같은 사태가 벌어진 단 하나의 이유는 '성좌'의 유희 때문이다. 성좌들은 인간들의 분투를 화면 너머로 지켜보며 오락거리로 삼고, 마음에 드는 인물을 '화신'으로 지정해 후원하며 세계에 개입한다. 인기 없는 〈멸살법〉을 끝까지 읽은 김독자만이 이 새로운 세계에서 생존할 수 있는 법을 알고 있다는 설정이다.

모든 웹소설이 수업 제재로 쓰일 수는 없다. 이 전제는 웹소설에만 국한되지 않는다. 유튜브 영상으로 매체 수업을 할 때 '아무 영상'이나 가져와 자료로 쓰지 않는 것처럼. 전통적인 매체 자료도 마찬가지다. 교보문고의 소설 서가에서 눈을 감고 아무 책이나 뽑아 들었을 때 그것이 독서 교육의 제재로 적합할 확률은 높지 않다. 수업 시간에 학생들에게 소개하는 자료는 교사가 미리 세워 둔 기준에 따라 '교육적 가치가 있다'는 판단이 내려진 것들이다. 웹소설을 즐기지 않는 교사가 웹소설 수업에 도전하려 할 때는 스테디셀러를 택하는 편이 안전하다. 웹소설을 좋아하는 친구들의 의견을 듣는 것도 큰 도움이 된다.

무시무시한
흡인력 속에서
[1~3차시] 〈전지적 독자 시점〉 독서일지 쓰기

학생들은 〈전지적 독자 시점〉의 무료분을 3차시에 걸쳐 읽고 독서일지를 썼다. '같은 작품 한 편을 학급 전체에 읽히면 반드시 망한다'는 독서교육의 공식이 웹소설 읽기에서만큼은 무색했다. 아이들은 스마트폰 화면 속으로 빨려 들어갈 듯 집중해서 글을 읽었다. "저는 웹소설 싫은데요?"라고 반항하는 이가 없어 다행이라는 생각이 들었다. (실은 내심 "저는 순문학파라 웹소설 못 읽겠어요"라고 항거하는 순문학의 적자嫡子가 한둘쯤 나타나길 바랐지만 아이들은 모두 코를 박고 탐독했다.) 동시에 '이렇게 열심히 읽는데 뻔한 말만 하고 끝나면 어쩌지, 가르쳐 줄 게 없는데'라는 염려가 일었다.[1] 학기 말 활동인 데다 평가에 포함되지 않아 이 정도까지 열심일거라 예상치 못했다. 애들이 대충 하면 나도 '요즘 웹소설 인기 많으니까 읽어 보는 거지, 뭐' 하면서 설렁설렁 마무리할 심산이었다. 하지만 너무 높은 흡인력이 문제였다. 문학 수업에 관심이 없던 학생들조차 더 빨리 읽고 싶어서 웹툰으로 보면 안 되냐고 질문하기 시작한 것이다. 이 무시무시한 집중력에 나는 어떤 응답을 해야 하나. 낭패였다. 등

( )월 ( )일	오늘 읽은 분량	( )회 ~ ( )회		도장란
	인상적이었던 문장이나 내용			
	인상적이었던 이유			
	흥미로운 독자 댓글			
	그렇게 생각한 이유			
	친구들과 생각을 나누고 싶은 토의 주제 2개			

줄기에 땀이 쭉 흘렀다.

매시간 학생들이 쓰는 독서일지는 일반적인 틀을 그대로 옮겨 활용하되, 웹소설 양식의 특성을 반영했다. '책 내용을 삶 또는 사회 현상과 연관 짓기' 항목을 '흥미로운 독자 댓글과 그렇게 생각한 이유'로 바꿨다.

이 수업의 성공은 질문의 힘에 달려 있다고 봤다. 머리가 찡 울리는 지적 자극을 경험할 때 배움의 즐거움을 느끼게 되는데, 영감을 줄 수 있는 전문가가 교실에 없다면 그 역할을 '좋은 질문'에 맡겨야 한다. 내가 바란 좋은 질문의 요건은 ①작품을 치밀하게 분석하도록 만드는 것, ②모둠 토의에서 다양한 답을 유도해 신선한 깨달음을 얻게 하는 것이었다.

일지의 마지막 란에 그 시간에 읽은 내용으로 모둠 토의 주제 두 가지를 만들어 쓰게 했다. 일지를 세 번 쓰면 여섯 가지 질문이 완성된다. 읽기 마지막 시간에는 학생들에게 지금까지 만든 질문 중 토의 주제로 삼고 싶은 것을 한두 가지 택하라고 일렀다. 학생들은 자신이 고른 질문을 학습지 가장 아래에 있는 양식에 옮겨 썼다.

〈전지적 독자 시점〉 독서 토의에서 활용할 토의 질문을 1~2개 써 주세요.

1. --

2. --

다음 수업인 모둠 토의를 앞두고 내가 준비한 것은 질문 꾸러미였다. 학생들에게 받은 최종 질문을 작성자 이름과 함께 구글 스프레드시트에 입력했다. 문서 하나에 여러 개의 탭을 만들어 수업에 참여한 학급들의 결과물 모두를 하나의 링크로 볼 수 있게 했다.

흥미로운 질문
쥐여 주기
[4~5차시] 모두가 말하는 모둠 토의

아래는 A, B학급에서 걷은 질문을 입력한 결과다. 왼편이
A, 오른편이 B다.

**작성자의 이름을 함께 쓰면 '엇, 내가 안 한 게 너무 티 나잖아!'라는 생각이
들기 때문에 참여율이 높아진다.**

스치듯 봐도 차이가 느껴질 정도로 질문 양이 다르다.
B학급은 결석생을 제외한 모든 학생이 질문을 한 가지 이
상 제출했지만, A학급은 절반 남짓이 응답했다. 처음엔 A
학급 학생들에게 섭섭하고 야속한 마음이 들었다. 하지만
이들이 눈에 불을 켜고 작품을 읽던 모습을 떠올리니, 이유
를 성실도 부족이라고 단정할 수 없었다. 익숙하지 않은 영

역의 토의 주제를 만드는 일이 막막했던 것 아니었을까. 교사인 나도 웹소설을 두고 무슨 이야기를 해야 할지 잘 모르겠다는 생각을 했으니 말이다.

결론부터 말하자면, 그 이유가 맞았다. 다음 수업에서 질문 꾸러미 문서의 링크를 구글 클래스룸에 공유하고 스마트폰으로 다른 학생들이 쓴 문장을 확인하게 하자 아이들은 금세 갈피를 잡고 다양한 토의 주제들을 자유롭게 만들어 냈다.

모둠 토의 2회차

1. [5분]다음의 링크에 실린 토의 질문을 참고하여 지난 차시에 만든 질문을 수정합니다(혹은 새롭게 만듭니다).
   ☞ https://docs.google.com/spreadsheets/d/1-PBsz6pZfQDoPyYTk8pBMy-mr2NIP

2. [35분]모둠원과 토의를 합니다. 틈틈이 주요한 내용을 메모해주세요.
   (기록자는 클로바 노트 앱을 열어 모둠 토의를 녹음해주세요. 그리고 링크를 이 패들렛에 입력해주세요)
   ☞ https://padlet.com/

3 [10분]토의 후 인상깊은 내용을 키워드 3개로 정리한 뒤, 마인드맵을 그리세요.
   ♦ 중요 : 웹소설 본문을 읽으며 작업하면 더 좋아요!

모둠 토의를 위해 만든 구글 클래스룸. 패들렛이나 밴드 등의 온라인 플랫폼을 활용해도 무방하다.

모둠 토의 시간 전반부에는 그렇게 각자의 질문을 찾고 다듬었다. 토의 주제를 제출한 학생은 자기 것보다 흥미로워 보이는 질문을 기준 삼아 원안을 고쳤고, 제출하지 못한 학생은 꾸러미의 질문 중 마음에 드는 것을 택해 자신의 토의 주제로 삼았다. 이 과정은 토의 주제의 수준을 상향

평준화하고, 모든 구성원이 '잘 만든' 질문을 하나씩 쥐고 토의에 참여할 수 있게 했다. 덕분에 모둠원 전체가 자신이 이 논의에 기여하고 있다는 마음을 갖고 대화를 시작할 수 있었다.

학생이 수업에 적극적으로 임하지 않는 이유는 다종다양하다. 하지만 아무 준비 없이 맨몸으로 모둠 활동에 참여할 때 경험하는 감정은 비슷하다. 처음에는 민망하고 모둠원에게 미안한 기분이 들어 위축된다. 위축감을 느끼다 보면 자기가 자리만 차지하는 사람 같아 진짜 대충 하고 말겠다는 반항심이 인다. 모든 참여자가 괜찮은 토의 주제를 마련할 수 있는 시간을 반드시 가져야 하는 이유다. 그래야 구성원들이 대등한 관계에 서서 즐겁게 대화할 수 있다.

문해력 문제가 아닐지도 모른다
매끄럽고 영리한 글의 의미

읽기, 모둠 토의, 서평 쓰기로 이어지는 학기말 활동을 구상한 또 다른 이유는 1학기 수행평가 결과가 아쉬웠기 때문이다. 웹소설 수업과 동일한 흐름으로 진행하는 현대소

순번	도서명	저자	발행 연도
1	《경우 없는 세계》	백온유	2023
2	《밝은 밤》	최은영	2021
3	《지구 끝의 온실》	김초엽	2021
4	《소년이 온다》	한강	2014
5	《고래》	천명관	2004
6	《남한산성》	김훈	2007
7	《새의 선물》	은희경	1995
8	《김약국의 딸들》	박경리	1962

1학기 수행평가용 도서들. 학생들은 이 중 한 권을 택해 읽었다.

설 독후 활동이었다. 소설을 지독히 사랑하는 나는, 당연히
애를 써 작품을 골랐고 촘촘한 구성의 학습지를 만들며 수
행평가를 준비했다. '이 정도면 애들도 소설을 좋아하겠지'
라는 기대가 있었다. 그러나 토의의 내용도, 서평의 결과도
만족스럽지 못했다. 내가 일하는 고등학교는 책임감 있는
학생이 모인다고 알려진 학교인 만큼, 아이들이 활동을 불
성실하게 한 것도 아니었다.

　　받아 본 결과물들은 반듯하고 깔끔했다. 아이러니하
게도 나는 그 지나친 단정함에 아쉬움을 느꼈다. 독서교육
의 목표는 책을 읽고 일어나는 사고의 균열에 있다. 책에
푹 빠져 기존의 생각과 책의 내용이 부딪히는 혼란을 겪어

야 하는데, 아이들은 책에 푹 빠진 사람이라면 쓸 수 없는 매끄러운 글을 완성했다. 책이 자신을 흔들 수 없는 곳에 서서 등장인물, 주제 의식, 책과 관련된 사회 현상을 '평가' 한 뒤 별점 매기듯 서평을 썼다. 실컷 물장구치고 자맥질하길 바라며 바다 여행을 떠났는데, 오션 뷰 카페에 앉아 창밖의 바다를 감상하는 격이었다. 그냥 감상하는 것도 아니었다. 턱을 괴고 "바다 보려면 제주도를 갔어야지" "바다에 왜 이렇게 쓰레기를 버리나, 나쁜 사람들" 하며 훈수를 두고 있었다.

'애들 글 왜 이래?' 하고 당황했지만 실은 이유를 알고 있다. 대입에 필요한 내신 점수를 안정적으로 얻는 법을 아이들이 체화하고 있기 때문이다. 학생들의 관심사는 "책이 삶을 바꿔 놓을 수 있을까?"가 아니라 "점수 안 깎이려면 어떻게 하지?"에 있다. 수행평가는 '치열하게 사고해서 성장을 이뤄 내는 계기'가 아닌, 평가 기준을 분석해 '힘을 적당히 쏟고 점수를 얻는 활동'으로 여긴다. 이 현상은 한국의 인문계고 전반에서 일어나는 일이다. 나도 학교에서 여러 징후를 발견해 왔다. 그것을 사회 현상으로 받아들이지 않으려 애써 노력한 이유는, 두려워서다. "애들 문해력이 말도 못할 정도야" "긴 글을 안 써 봐서 문단 구성을 못 해"라며 개인의 읽기·쓰기 능력 부족을 탓하면 교사의 노력에 따라 개선 가능한 문제가 되지만, 입시와 연관된 사회 현상으로 인식하면 그 순간 무력감에 깔리고 말 것 같았다. "인문계고에서는 정규 수업 시간에 인생의 지침을 뒤흔드는 독서를 할 수 없게 되었다"라고 인정하고 싶지 않았다.

그러나 올해엔 전처럼 "평소에 책을 안 읽어서 그런가" "유튜브 세대라서 그런가" 등의 이유로 도피할 수 없었다. 아이들 대부분이 '적당히 점수를 잘 받을 수 있는 결과물'을 내놓았다. 못 쓰거나 서툰 글이 아니라 영리한 글이었다. '현상'을 인정할 때가 된 건가, 이곳에서는 모든 아이들과 책에 빠져드는 경험을 더 이상 할 수 없나, 라는 생각에 1학기의 나는 다소 우울해져 있었다.

다음은 수행평가를 할 때 학생들이 만든 토의 주제들이다.

한강, 《소년이 온다》

- 왜 주인공을 소년으로 설정했을까?
- 왜 제목이 '소년이 온다'일까?
- '분수대'의 의미는 무엇일까?
- 이미 목숨을 잃은 '정대'를 서술자로 세운 이유는 무엇일까?

백온유,《경우 없는 세계》

- '이호'가 있을 때 '인수'가 춥지 않은 이유는 무엇일까?
- 인수에게 '경우'는 어떤 존재일까?
- 작가가 가출 청소년들을 소재로 소설을 쓴 이유는 무엇일까?
- 이러한 사회 문제가 생기지 않게 하기 위해 필요한 것은 무엇일까?

세련되고 매끄럽지만 답을 찾는 과정에서 '나라면 어땠을까?'라는 상상이 틈입할 여지가 없다. 안전한 위치에서 책을 읽게 만드는 질문들이다. 물론 작품 이해에 도움이 되는 좋은 생각거리라, 과거의 학생들이 만들었다면 기꺼워했겠지만 지금은 아니었다. 내가 현재 만나고 있는 아이들에게 필요한 건 책의 내용을 자신의 삶으로 가져와 해석하는 경험이었다.

책과 삶을 연결한다는 것은 등장인물에 대한 이해와 공감만을 의미하지 않는다. 책에 몸을 머리끝까지 담그면 내가 옳다고 믿었던 바가 실은 그렇지 않다는 사실, 머리로 아는 것만으로 무언가를 '안다'고 말하는 일이 비윤리적임을 깨닫게 되는데, 내가 바란 '책과 삶의 연결'은 그런 것이었다.

혼란의 한복판에 뛰어드는 읽기
생각지 못한 교육적 효과

웹소설 읽기 활동에 대의를 품지 않았던 내가 자세를 고쳐 앉은 계기는 토의에서 학생들이 나누는 대화 양상의 변화를 감지했기 때문이다. 현대소설을 읽고 수행평가를 할 때는 평가자의 입장으로 작품을 바라보던 아이들이, 웹소설 토의에서는 혼란의 한복판에 적극적으로 몸을 던졌다.[2] 오른쪽은 〈전지적 독자 시점〉 토의에서 논의거리가 된 질문들이다.

이 질문들에 답하려면 발화자가 '나'를 드러내야 한다. "나라면 어떻게 했을까?"라는 표현이 명시되지 않았어도 '내가 인식하는 한국 사회' '내가 느끼는 인간이라는 존재'처럼 평소 자신이 갖고 있었던 생각을 들여다봐야 답을 떠올릴 수 있다. "자신의 생존을 위해서라면 남을 죽여도 될까?"라는 질문에 대한 모둠 토의 내용이 이를 잘 보여준다. 대화에서 학생들은 하나의 질문을 둘러싼 여러 입장('나'를 드러낸 입장)들을 확인하고, 작가의 의도를 발굴하며, '아는 것'과 '실천 가능한 것' 사이의 간극을 깨닫는다.

분류	토의 주제	선정 횟수
상황 가정	만일 인류가 진짜 멸망을 앞둔다면 어떻게 행동할까?	6
	소설처럼 생명을 죽여야 살 수 있다면, 나라면 죽일 것인가?	5
	우리가 이 소설의 주인공처럼 미래를 알고 있다면 어떻게 행동할까?	3
	자신의 생존을 위해서라면 남을 죽여도 될까?	3
	인간은 정말 세계가 멸망하더라도 지금과 똑같이 누군가를 지배하며 살아갈까?	2
	자신이 김독자라면 이 상황을 어떻게 헤쳐 나갈 것인가?	1
인간 본성	인간의 본성이 악해서 폭력이 일어나는 것일까, 상황이 그렇게 만드는 것일까?	5
	이 소설에서 확인할 수 있는 인간의 특성은 무엇일까?	2
인물 분석	작가가 주인공을 누구에게나 선행을 베푸는 사람이 아닌 자신의 이익을 먼저 챙기는 계산적인 사람으로 정한 이유는 무엇일까?	3
	김독자가 식량을 돈 받고 판 것은 잘한 일일까?	2
	작가는 왜 주인공을 유중혁이 아닌 김독자로 설정했을까?	2
사회 반영	성좌들은 어차피 멸망할 세계에서 왜 화신을 키울까?	4
	처음에는 배후성의 진명眞命이 드러나지 않게 설정한 이유는 무엇일까?	2
	성좌들의 반응을 통해 작가가 표현하려 바는 무엇인가?	2
	살아남으려 각자 분투하던 사람들이 연대하게 된 계기는 무엇일까?	2
장르 특성	이 소설의 어떠한 특성이 인기의 요인이 되었을까?	4
	요즘 웹소설들에는 왜 가상 현실 속 상황을 배경으로 삼는 것이 많을까?	3
주제	소설의 작가는 어떤 말을 독자에게 전하고 싶었을까?	2

ㅂ: 도깨비에게 '생명체를 죽여야 살아남을 수 있다'는 지령을 받고, 사람들은 같은 공간에 있는 사람 중 가장 약해 보이는 할머니를 살해하려 해. 그 장면을 보고 '자신의 생존을 위해서라면 남을 죽여도 될까?'에 대해 이야기해 보고 싶었어. 먼저 내 생각을 말하자면, 물론 이성이 마비되는 극단적인 상황이긴 하지만 인간은 '어떤 경우에서도 폭력은 정당하지 않다'는 사회적 합의를 해 뒀잖아. 그걸 순식간에 잊는 사람들이 무섭고 싫었어.

ㅇ: 인정하고 싶지 않지만, 내가 그 상황이었다면 솔직히 죽음이라는 결말이 뻔히 보이는 선택은 못 할 것 같아. '폭력은 정당화될 수 없다'고 합의한 건 그 규칙이 지켜지지 않았을 때 오는 혼란 때문이잖아. 규칙을 지켰지만 나를 기다리는 것이 죽음뿐이라면, 규범이라는 이유만으로 지킬 수 있을까? 나는 힘들 것 같아.

ㄱ: 나도 그래. 내가 다른 존재를 죽이지 않으면 나도 죽고 그 사람도 죽고 다 죽는 거잖아. 그렇다면 〈전지적 독자 시점〉 세계에서의 폭력은 정당화될 수 있는 면이 있지 않을까 싶어.

ㅊ: 하지만 김독자는 도깨비가 하는 말의 허점을 파악하잖아. '생명체를 죽여야 한다'는 조건이라면 꼭 사람이어야 할 필요가 없다면서 지하철에 있던 곤충을 죽이고 생존해.

다른 사람들처럼 할머니를 죽여야 한다고 미리 정해 두고 "살려면 어쩔 수 없었다"라고 말하는 건 비겁한 것 같아. 김독자처럼 머리를 써 보면 생존할 수 있는 다른 방법이 있는 거니까. 그래서 나는 이 소설이 '세상이 바뀌면 살아남기 위한 비정한 윤리를 만들어야 한다'를 말하려고 쓰인 것이 아니라 '그 와중에서도 인간임을 포기하지 않고 생존하는 법이 있다'는 주제를 전한다고 생각했어.

ㅂ: 할머니를 살해하려 한 사람 모두가 다음 시나리오까지 가지 못하고 죽었잖아. 그 설정을 생각하면 작가 의도가 정말 그런 것 같긴 해.

ㅇ: 그런데 진짜 어렵다. 너희 말이 납득은 되는데, 나는 아직도 내가 그 상황이라면 곤충을 죽이겠다는 선택보다 약자를 해하겠다는 생각을 먼저 할 것 같아.

ㅊ: 맞아, 어려운 일이야. 나도 내가 어떻게 할지 장담은 못하겠어.(웃음)

ㄱ: 어렵다. 웹소설 심오하네.

토의를 하던 학생들은 "왜 이렇게 심오해요?"라며 당혹해하는 반응을 자주 보였다. 수업 시간에 읽는 자료가 심오하다는 말을 정말 오랜만에 들었다. 수행평가를 위해 읽는 책이 버거우면 아이들은 '어렵다'고 하지 '심오하다'고

표현하지 않기 때문이다. "깊이 있고 오묘한"[3] 사유 속에 몸을 던져 함께 유영하는 순간이 다시 온 게 반가워 아이들의 대화를 듣는 내내 실실 웃음이 났다.

쉽게 평가하고 연민하지 못하는 경험

[6차시] **서평 초고 쓰기**

모둠 토의에서 가능성을 엿본 뒤 서평 초고 양식을 손봤다. 인상을 전반적으로 기술하는 것보다 작품이 자신에게 일으킨 혼란을 정리하는 일이 중요하겠다고 판단했다. 방학까지 남은 기간을 적당히 보내고 끝내겠다는 계획을 전면 수정했다. 작품을 중심으로 한 핵심 질문을 하나 정한 뒤, 그 질문에 대한 작가의 답변을 유추하고 작가의 답에 관한 자신의 생각을 정리하는 짧은 글을 쓰기로 했다. 긴 글 쓰기를 하면 수업 목표가 흐려질 것 같아 교사가 학생에게 묻고 싶은 항목들을 담은 표를 내어 줬다. 분량의 하한선은 정해 주지 않았다.

서평의 핵심 질문은 모둠 토의에서 논의한 질문 중 깊게 고민해 보고 싶은 것 하나를 택해 정하도록 했다. 많

	작품 이해의 초점으로 삼고 싶은 질문 (어떤 질문을 중심으로 작품의 내용을 정리한 뒤, 작품에 대한 의견을 덧붙이고 싶은가요?)	서평의 핵심 질문		도장란
		질문 선정 이유		
서평 작성	초안 작성	작품 소개, 핵심 질문 선정 이유		
		작품 내용을 근거로 핵심 질문에 대한 답을 찾기		
		작가가 작품을 통해 전하려 한 메시지에 대한 자신의 의견		
		앞의 내용을 요약, 정리하며 작품의 의미 제시하기		

은 학생이 주인공을 해석하려는 시도를 해 흥미로웠다. 김독자는 독보적인 능력을 활용해 아이템, 양식 등을 남보다 많이 획득하지만 그것을 대가 없이 타인과 나누지 않는다. 굶주린 이들을 눈앞에 두고도 비용을 치르지 않으면 식량을 주지 않을 정도로 비정하다. 이타심과 희생정신이 거의 없다시피 한 인물이라는 점에서 학생들이 머릿속에 그리던 '영웅의 상像'에서 상당히 비껴 서 있다. 이런 설정이 호기심을 자극한 듯하다.

다음은 "작가가 주인공을 누구에게나 선행을 베푸는 사람이 아닌 자신의 이익을 먼저 챙기는 계산적인 사람으로 정한 이유는 무엇일까?"라는 질문을 중심으로 학생이 쓴 서평의 일부다.

모든 사람을 돕지 않는다고 해서 '김독자'를 도덕성이 결여된 인물이라고 단정 지을 수 없을 것 같다. 생존을 확신할 수 없는 상황에서 인간은 자신이 살아남는 선택을 먼저 할 수밖에 없다. 하지만 작가가 독자들에게 '이기적이어야 살아남는다'는 말을 하려 한 것 같지는 않다. 김독자를 통해 이기적인 사람만이 살아남는 현실을 표현하려 했다기에는 그가 생존을 위해 다른 사람을 이용하거나 해치는 모습이 나오지 않는다. 소설 속에서 김독자에게 처단된 사람들은 모두 악인이다. 따라서 김독자를 도덕성이 부족한 인물, 이기적인 인물이라고 보기 힘들다. <u>김독자는 '바라는 것이 있다면 그것을 얻기 위한 노력을 해야 한다고 믿는 인물'이다. 결국 인간은 스스로의 삶을 직접 책임져야 한다는 의미다. 이는 이기적인 인간과는 다르다.</u>

_ㄱ의 서평 중에서

학생들이 현대소설을 읽고 쓴 서평에서 아쉬움을 느낀 건 너무 손쉽게 인간을 평가하는 경향을 보인다는 사실 때문이었다. 소설을 읽는 이유는 타인의 신발에 발을 넣어 보기 위함에 있지만, 아이들은 책을 덮은 뒤 오히려 더 멀리 떨어진 곳으로 도망가 '신발의 주인'을 고민 없이 재단했다. 선택지는 악인 혹은 선인 둘뿐이었다. 그이가 자신일 수 있는 가능성을 적극적으로 차단했기에 가능한 반응이다.

순문학 소설에는 안타까운 상황에 처한, 고뇌에 빠진 주인공이 등장하는 경우가 많다. '그는 자기 앞에 나타난 사건을 두고 고민하다 결정적인 진실을 발견한다. 이것을 두고 어찌할 바를 모르다가 자신이 진실을 알기 전으로 돌아갈 수 없음을 깨닫는다.'[4] 그 점이 이 양식의 주요한 특징이다. 그런데 소설 읽기 경험이 충분치 않은 독자는 주인공과 자신 사이에 선을 긋는다. 그의 불행과 혼란이 자신에게 옮아올까 겁을 내는 것처럼 보일 정도다. ("불쌍하다" "안타깝다"라는 반응 또한 독자가 스스로를 '연민할 수 있는 사람'의 위치에 세운다는 점에서 선 긋는 행위에 포함된다.) 그런 이유로 아이들은 눈앞의 문제를 직진으로 뚫고 달려가는 웹소설 주인공에게 호감을 느끼며 자신을 이입한다. 주인공과 자신을 나란히 세운 뒤 그를 이해하려는 시도는 인물을 다각도로 바라보며 그를 판단하는 결과로 이어진다. 위의 서평만 해도 김독자를 "바라는 것이 있다면 그것을 얻기 위한 노력을 해야 한다고 믿는 인물" "스스로의 삶을 직접 책임"지는 인물이라는 제3의 선택지로 정의하고 있다.

〈전지적 독자 시점〉에서 인상적이었던 점은 "타인을 도울 것인가, 말 것인가"라는 딜레마 상황을 반복해서 제시한다는 것이다. 이러한 설정은 작품을 보는 독자가 이 문제에 대해 생각해 보고 자신은 어떻게 행동할 것인지 판단하는 계기가 된다. 작품의 주인공은 김독자이지만 그에 못지않은 능력을 지닌 인물로 '유중혁' '유상아' '이현성' '이지혜' '정희원' 등 여러 사람이 있는데 독자는 그들의 선택을 보며 나와 가장 닮은 판단을 내리는 이를 찾아볼 수 있다.

"내가 살면 남이 죽고, 남이 살면 내가 죽는다" 같은 딜레마적인 상황은 일반적으로 잘 일어나지 않는다. 하지만 〈전지적 독자 시점〉의 등장인물들은 살아남기 위해 거의 모든 편에서 이 질문에 스스로 답해야 한다. 독자 또한 글을 읽으며 "너는 어떤 선택을 할래?"라는 질문을 반복해서 받게 되는 것이다. 흔히 웹소설은 '재미있는 이야기'로만 여겨지는 경향이 있는데, 이 작품은 독자가 자신을 돌아보게 하며 스스로가 어떤 사람인지 확인할 수 있게 한다. 따라서 나는 이 작품을 좋은 소설이라고 생각했다.

다른 웹소설들과 달리 〈전지적 독자 시점〉은 주인공이 다른 세계의 존재에 빙의해 진행되는 것이 아니라, 소설적 상황이 서울이라는 현실 공간 위에서 펼쳐지게 설정해 <u>"너라면 어떻게 할래?"라는 질문이 독자에게 더 생생하고 현실적으로 다가가게 한다.</u> _ㅊ의 서평 중에서

〈전지적 독자 시점〉을 읽었을 때 순문학 읽기와 다른 반응을 얻은 건, 학생들이 '피 튀기는 생존 투쟁의 장'이라는 작품의 배경을 2020년대의 한국 사회와 겹쳐 봤기 때문이다. 덕분에 자신을 이입하며 인물을 읽어 낼 수 있었고, 인간은 2지선다의 선택지만을 두고 평가하기엔 너무 복잡하고 입체적인 존재라는 사실을 파악했다. 웹소설 속 등장

인물을 경유해 '나'를 바라본 셈이다.

소설의 목표에 닿다
[7차시] 인간과 세계의 이면을 응시하게 하는 서평

소설의 목표는 '인간과 세계'라는 대상을 해부하는 것이다. 순문학 소설을 읽을 때 도달하지 못한 존재에 대한 해석과 통찰의 경험이, 오히려 재미 추구가 최우선 목표인 웹소설 읽기 수업에서 일어났다는 점이 놀랍고 씁쓸했다. 하지만 아이들이 도출한 결과가 "이기적인 인간이 살아남는다"가 아니어서 큰 위안이 되었다.

　　많은 서평이 이 작품에서 희생당하는 이들을 '단순히 힘이 약한 존재가 아닌, 기존 세계의 질서를 고수하던 이들'이라고 해석해서 신선했다. 강한 자만이 살아남는다는 비정한 규칙 위에 구축된 '멸망한 세계'에서 과거의 윤리의식(이를테면 '사람을 죽이면 안 된다'와 같은 명제)을 놓지 않은 이들이 죽어 가는 모습에 초점을 두고 작품을 읽은 것이다. 그 과정에서 아이들은 국어 교사인 나조차 발견하지 못했던 새로운 주제를 도출했다.

우리 사회는 기술의 변화로 빠르게 바뀌고 있다. 그리고 이에 적응하지 못한 사람들은 도태된다. 도태되어 소외되고 마는 사람들의 모습을 이 소설은 기존의 윤리적 기준을 고수하는 사람이 결국 죽음을 맞이하는 설정으로 표현했다. 하지만 이런 생각을 하며 의문이 하나 들었다. 작가가 멸망한 세계에 적응하지 못하는 사람들을 죽임으로써 전하려는 메시지가 과연 "새로운 세상에 대한 빠른 적응이 옳다"일까? 나는 그렇지 않다고 생각한다. 오히려 난 작가가 이런 사회의 모습을 비판하려 했다고 생각한다. 왜냐하면 기존의 인간 세계를 멸망시키며 만들어진 '시나리오'라는 존재 자체가 인간들의 생존 분투를 화면으로 지켜보는 성좌들의 재미를 위해 만들어진 것이기 때문이다. 감정과 생각, 생명을 가진 인간을 장난감처럼 취급하며 일어나는 모든 현상은 부정의다. 그러므로 기존의 윤리를 고수하는 이들이 시나리오 클리어에 실패해 죽음을 맞이하는 상황 또한 절대 옳은 일, 당연한 일이 될 수 없다. 인간을 유희거리로 여기며 굴리는 성좌들의 존재는 '남을 죽여야 내가 산다'는 새로운 규칙이 적용된 세계의 부정의를 드러내며, 그 '비정한 규칙을 지키지 않아' 죽어 나가는 사람들이 존재하는 현실이 마땅히 비판받아야 한다고 고발한다. _ㅂ의 서평 중에서 웹소설에서 재현되는 현실이 신자유주의의 생존 논리와 지나치게 합치된다는 점을 지적하며 이 양식의 세속성을 염려하는 사람들이 많다. 과거의 나 또한 같은 이유로 웹소설을 폄훼했다. 하지만 아이들은 이 작품을 "비정한 규칙을 지키지 않아 죽어 나가는 사람들이 존재하는 현실"을 비판하는 소설이라고 평하며 나와 정반대의 해석을 제시했다. 이 편이 훨씬 멋지고 납득이 갔다. 웹소설을 보는 나의 시선이 지나치게 편협했다는 사실을 깨달았다. 머릿속에 그려 둔 웹소설의 상에 맞춰 〈전지적 독자 시점〉을 읽고 "강자만 살아남네. 역시 신자유주의 그 자체!"라며 소설을 대충 이해한 것이 부끄러워 교실 구석에 숨고 싶었다.

스토리의 역할을 인정할 때 선명해지는 것

이 글은 웹소설이 기존 소설보다 더 우월한 수업 제재라는 말을 하기 위해 쓴 것이 아니다. 최근 내가 소설을 가르치며 느껴 온 아쉬움을 보완하는 제재로 충분히 기능할 수 있다는 가능성을 이야기하는 보고서다. 그럼 우리에게 남은 질문은 이것일 테다. 그간 소설이 문학교육에서 담당하던 기능 중 일부를 웹소설에 이양할 경우 둘의 역할 분배는 어떠해야 할까.

학생들이 웹소설을 읽고 보인 반응을 관찰하며 내가 떠올린 건 소설이 발명되기 전까지의 서사 양식인 '설화'였다. 설화에서 중시되는 것은 "새롭고 견고하고 역동적"이며 "흡인력과 감발력感發力을"[5] 가진 스토리인데, 웹소설에 대한 아이들의 반응은 설화 향유자들이 설화를 향해 갖는 기대와 일치했다. 그렇다면 설화의 특성을 기준으로 국어 수업에서 웹소설이 맡는 역할을 정할 수 있지 않을까. 이야기를 재미있게 즐긴 뒤, 의미를 발굴하면 된다. 〈전지적 독자 시점〉을 읽은 학생들처럼.

반면 소설은 "구체적인 디테일이 스토리 이상으로 중요"[6]한 양식이다. 따라서 이 장르를 가르칠 때 웹소설 수업과 변별해서 강조해야 할 것은 '디테일'이다. 실패한 소설 수행평가에 이어 다른 소설 수업을 예로 들자면, 박완서 작가의 단편소설 〈겨울 나들이〉를 읽은 학생들의 반응이 아주 흥미로웠다. 학생 대부분이 "줄거리는 이해되는데, 주제가 뭔지는 모르겠다"라고 답한 것이다. 〈겨울 나들이〉는 가족에게 배신감을 느끼고 여행을 떠난 '나'가 여행지에서 만난 시어머니와 며느리를 보며 깨달음과 위로를 얻고 돌아오는 이야기다. 주제를 파악하려면 이 소설이 여로형 소설이라는 사실을 떠올린 뒤, 여행을 떠나기 전 '나'가 느낀 결핍을 파악하고 여정에서 그것이 해소될 수 있었던 이유를 분석해야 한다. 여행을 끝내고 돌아온다는 건 일상에서 견디기 힘들 정도로 자신을 괴롭히던 문제가 이제 더 이상 문제가 아니게 되었다는 의미니까. 하지만 근래의 아이들은 교사의 지도 없이 구조의 특성을 작품 이해와 연결 짓지 못한다. 구조 분석이 소설 이해를 돕는다는 사실을 인식조차 못하고 있다. 충분히 그럴 수 있다. 지금 청소년이 즐기는 서사들에서 서사 구조는 중요한 장치가 아니기 때문이다. 서사 구조가 없다는 말이 적합하다. 유튜브의 영상물, 웹툰, 웹소설 등의 콘텐츠는 이야기의 줄거리를 시간순으로 좇으면 창작자가 전하려 한 메시지를 파악할 수 있게 만들어진다. 따라서 소설을 가르치며 교사가 가장 무게를 둬야 할 바는 이 양식에서 '디테일'이 매우 중시된다는 사실과, 그 점을 활용해 작품에 담긴 메시지를 도출하는 방법이 되어야 할 것이다.

웹소설을 아이들에게 꼭 읽히시라고 모든 교사께 강권할 순 없다. 다만 반년 전까지 "웹소설은 소설의 타락이야!"라고 말하고 다녔던 내가 앞으로 꾸준히 학생들과 웹소설을 읽어 보기로 결심했다는 말씀은 드리고 싶다. 웹소설에게 '재미있는 이야기'의 역할을 뚝 떼어 나눠 주자, 소설을 읽고 재미없다며 불만스러워하는 아이들에게 이 장르가 가진 재미는 다른 영역이라고 편하게 말할 수 있었다. 이후 디테일을 분석하며 의미를 발견하는 작업을 한 뒤 "이게 소설만이 갖는 재미거든"이라는 말을 덧붙일 수 있었다. 내가 사랑하는 순문학을 전보다 더 '그 양식에 부합하는 방식'으로 가르치게 되었다. 이 경험은 역설적 진실을 체감할 수 있게 했다. 좋아하는 것을 지키기 위한 노력은, 오히려 이질적인 대상을 적극적으로 껴안는 방향으로 이뤄질 때 힘을 발휘한다는 것을. 그것이 이 수업의 가장 큰 수확이다.

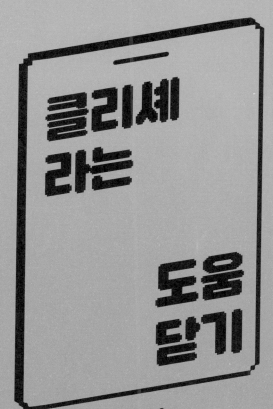

클리셰 라는

도움 닫기

누구나 쓸 수 있는
즐거움에 초대하는

**웹소설
창작**

03
김정예
명일중학교

#중학교

#동아리

#글쓰기

#클리셰

필요한 건 독창성이 아닌 전형성

학생들에게 〈전지적 독자 시점〉이라는 소설을 읽어 봤냐는 질문을 받았다. 마침 시점 수업 중이라 '전지적 작가 시점'이라는 소설도 있냐고 되물었다. 아이들은 "이순신 장군이 나오는데 손오공도 나오고 올림포스 신들도 나와요. 그런데 그냥 인터넷소설이 아니라 진짜 잘 만든 소설이에요"라는 알쏭달쏭한 말을 남기고 사라졌다. 내게 웹소설은 이모티콘(--^)으로 가득한 인터넷소설이라 대체 무슨 소리인가 싶었다.

그러나 '세상에 밤새서 웹소설만 읽는 사람이 있대'의 그 사람이 되기까지는 오래 걸리지 않았다. 잠들기 직전 학생의 추천이 생각나서 클릭했던 〈전지적 독자 시점〉. 정신 없이 페이지를 스크롤하다가 동이 트는 것을 보고 확신했다. 이건 재미있다고. 이후 나는 중세 판타지, 현대 판타지, 로맨스 판타지, 무협, 대체 역사[1] 장르 모두를 탐독하는 열혈 독자가 되어버렸다. 웹소설은 양산형으로 제작되어 작가의 개성이 없다고 말하는 사람들에게, "무슨 소리세요? 아는 맛이 제일입니다. 어떤 작가든 최소한의 재미가 보장된다구요!"라고 답하는 순간 깨달았다. '어… 이거 우리 학

생들도 되겠는데?'

　　학교에서 취향에도 안 맞고 어려운 소설을 '공부'하
는 학생들은 문자로만 구성된 이야기를 부담스러워한다.
읽기도 쉽지 않은데 쓰기까지 더해지면 금방 흥미를 잃는
다. 특히 수업 시간에 소설 창작에 도전하다 보면 분명 소
설의 기본 구성을 다 가르쳤는데 소설을 전개하는 과정에
서 막막해하는 아이들이 있다. '어떻게 써야 할지 감조차
안 와요'라는 반응에 교사가 제시할 수 있는 피드백은 한
정적이다.

　　이런 학생들에게 웹소설을 수업의 제재로 준다면 두
마리 토끼를 잡을 수 있을 것 같았다. 문자 언어로 구성된
이야기를 가르쳐야 한다면, 이 이야기가 학생들의 취향에
도 맞고 누구나 즐길 수 있을 만큼 쉽다는 것을 보여 줘야
한다. 웹소설은 그에 딱 맞는 이야기이자 하고 싶은 이야기
를 풀어 내지 못하는 아이들이 참고할 만한 자료였다. '클
리셰'가 있어서다. 모방은 창조의 어머니라고 하지 않나.

　　클리셰란 진부한 상투어나 고정관념을 의미한다. 문
학에서는 지나치게 자주 쓰여 새로움이 사라진 줄거리나
상황, 주제, 성격 묘사, 이야기의 구조 등을 일컫는 말이다.
창작자들에게 클리셰는 부정적인 맥락으로 사용된다. 창
작자의 제1미덕은 독창적이고 새로운 이야기를 발굴해 내

는 것이라고 생각하는 입장에서 웹소설은 클리셰 덩어리라고 비판받는다. 독자가 재미있어 하는 소재나 구조만으로 전개되어 이야기로서의 가치가 떨어진다는 지적이다. 하지만 웹소설 창작의 가장 중요한 원칙은 '장르의 클리셰를 충실히 따를 것'이다. 웹소설 독자는 해당 장르의 클리셰를 기대하고 작품을 읽기 때문이다.

따라서 웹소설 창작 수업에서는 클리셰가 긍정적인 비계로 작용한다. 정해져 있는 이야기 구조가 오히려 누구든 글을 쓸 수 있게 하는 징검다리인 것이다. 학생들은 클리셰를 통해 독자가 좋아할 만한 이야기가 무엇인지 쉽게 파악하고, 클리셰를 창작의 실마리로 쓸 수 있다. 이야기를 처음 쓰는 학생들에게 필요한 건 독창성이 아닌 전형성이다.

웹소설 작가 데뷔 1초 전
[1차시] 독자 중심 글쓰기의 의미

수업은 중학교 1, 2, 3학년 도서반 동아리 학생 20명을 대상으로 했다. 1학기 17차시로 기획했고, 매시간 디벗(학생용 노트북)과 스마트폰을 준비해 오도록 했다. 스마트폰으로 웹소설을 읽고 디벗으로는 글을 썼다. 목표는 '수업 마지막 날 웹소설 연재 플랫폼에 직접 작성한 웹소설 1화 업로드하기'였다.

　　염두에 둔 점은 학생들이 자기중심적 글쓰기에서 벗어나 독자 중심 글쓰기[2]로 향하게 하는 것이었다. 글쓰기 자체가 도전이기 때문일까. 아이들은 글을 쓸 때 도무지 독자를 고려하지 않는다. 독자가 내 글을 어떻게 읽을지 예상하지 않기에 많은 학생의 글은 소통이 아닌 독백으로 남는다. 그래서 매 화 독자의 댓글이 달리고 이를 작가가 반영할 수 있는 웹소설의 구조를 활용해 이 한계를 극복하고자 했다.

　　학생들 중 웹소설을 평소에 읽었던 학생은 2명이었다. 대부분 이전까지 웹소설을 읽어 본 적이 없었다. 웹소설을 원작으로 한 웹툰은 많이 봤지만, 웹소설은 그림이 아닌 글자라서 도전한 적이 없다는 대답이 많았다. 예상보다 훨씬 적은 수에 당황했다. 그러나 소설 창작의 가장 강력한 동기는 독자의 존재다. 나를 온전히 작가로 봐 주는 독자가 있다면 창작의 욕구가 강렬해질 거라 기대하며 마음을 가다듬고 선언했다.

　　"얘들아, 우리는 1학기 마지막 시간에 아마추어 웹소설 작가로 데뷔할 거야."

　　실력만 있다면 학생도 웹소설 작가가 될 수 있다. 아

마추어 연재 플랫폼에 무료로 연재를 하는 것이 곧 데뷔(셀프 데뷔)다. 해당 플랫폼에서 독자들에게 인기를 많이 얻으면 고료를 받고 정식으로 재데뷔할 수 있다. 그래서 우리의 수업 시간은 수업으로 끝나는 것이 아니라, 일상의 취미나 진로와 연계될 수 있다는 점을 강조했다. 학생들은 자신의 창작물이 모르는 사람들에게 읽힌다는 점에 큰 흥미를 느꼈다. 프로 작가로 데뷔하길 소망하는 아이들의 들뜬 목소리가 도서실을 울렸다.

동아리 첫 시간은 웹소설을 잘 모르는 학생들을 위해 웹소설의 특징을 소개하는 데 할애했다. 웹소설은 '매체의 변화에 따른 쓰기의 변화'를 잘 보여 주는 장르다. 모바일 디바이스 기반의 연재형 텍스트라서 독자들이 집중할 수 없는 상황임을 가정해 창작해야 하고, 선명하고 일관적인 스토리 구조와 직관적이고 짧은 문장을 사용해야 한다. 속도감 있는 전개를 위해 클리셰로 세계관을 전달하며 주인공의 고난과 역경도 빠르게 해결해야 한다. 무엇보다 웹소설 창작의 핵심은, '작가가 쓰고 싶은 것'보다 '독자가 읽고 싶은 것'을 쓰는 데 있다.

이 점을 강조하자 학생들이 불만을 터트렸다.

"샘, 작가가 쓰고 싶은 걸 못 쓰면 글을 왜 써야 하나요?"

"그럼 작가가 기계랑 다를 게 뭐예요?"

아이들의 아우성에도 불구하고, 나는 작가를 최대한 희미하게 만들고 독자를 최대한 부각시킴으로써 작가와 독자의 위치를 극단적으로 조절할 필요가 있다고 여겼다. 그래야 작가로 기울어진 시소가 독자에게로 간신히 기울어지리라. 학생들에게 독자를 더 고려해야 하는 이유를 찾아보라고 했다. 어떤 방향으로 답하든, 그 근거가 작가와 독자의 위치에 대한 고민에서 도출된 것이라면 모두 좋다고 생각했다.

"좋아, 그러면 한 번만 생각해 줄래? 작가가 쓰고 싶은 소설이 아니라 독자가 읽고 싶은 소설을 쓴다는 건 작가인 너희에게 어떤 의미가 있을까? 자유롭게 이야기해 줬으면 좋겠어. 정답은 없어!"

학생들은 이 질문에 대한 자신의 생각을 각자 쓰고, 모둠별로 모여 의견을 나눴다. 모둠에서 가장 설득력 있는 의견을 제시한 학생이 앞에 나와 자신의 의견을 발표했다. 의외로 긍정적인 의견과 부정적인 의견이 골고루 나왔다. 독자가 읽고 싶은 소설을 쓴다면 자신의 생각을 마음대로 표현하지 못하기 때문에 아쉽지만, 독자와 소통하며 재미를 느끼고 성장할 수 있다고 답했다.

자신의 글을 사랑해 주는 사람들을 위해 글을 쓴다는 것 자체가 큰 의미라고 생각합니다. 남들에게 행복을 주는 것이 자신에게도 행복이 되는 경우가 적지 않습니다. 자신의 글을 매일 보고 재미있다며 좋아해 주는 사람을 찾기는 어려운 일입니다. 심지어 평소에 친하던 사람도 아닌 생판 모르는 사람에게서는 더욱 어렵습니다. 익명의 독자들이 매일 작가의 글을 찾아 주고, 가끔은 평가해 준다면 서로 성장할 수 있다는 점에서 의미가 있지 않을까요? _3학년 장○○

'그러면 우리가 왜 글을 써야 하는데?'라는 질문으로 시작했던 아이들은 어느새 '그러면 우리는 어떤 글을 써야 하는데?'에 답하느라 시끌벅적했다. 발표자로 나왔던 한 학생은 발표를 마치고 "글 쓸 때 이렇게 독자에 대해 많이 이야기해 본 적은 처음이에요"라며 수줍게 돌아섰다.

Lv.0 사람들은
어떤 웹소설을 좋아할까?

[2~4차시] 장르별 웹소설 탐구

웹소설을 쓰기 전 꼭 해야 하는 것은 '학생들의 웹소설 취향 파악하기'다. 웹소설은 분야별로 요구되는 클리셰가 다르기 때문에, 아이들이 선호하는 웹소설 분야를 미리 알아야 한다. 글 읽기를 좋아하지 않는 학생에게는 쉽고 재미있는 글을 경험해 볼 수 있게 하는 시간이기도 하다.

크게 '판타지(현대 판타지, 로맨스 판타지)' '로맨스' '무협' '대체 역사'로 장르를 구분한 뒤 장르별 웹소설 추천 리스트를 만들어 나눠 줬다. 웹소설마다 내용과 수준이 천차만별이라, 독자의 반응이 많으면서도 장르별 클리셰가 잘 드러나는 소설을 추천했다. 소설을 읽을 때는 전 차시에 배웠던 모바일 디바이스 연재형 텍스트의 특징(문체, 구성 등)이 어떻게 나타나 있는지 살펴보고, 자신이 선호하는 장르가 무엇인지 생각해 보라고 했다. 또한 앞으로 있을 웹소설 창작에 도움이 될 만한 요소를 디벗으로 기록하고 작가의 글에 즉각 반응하는 댓글들을 보며 독자가 선호하거나 불호하는 점이 무엇인지 분석하라고 안내했다. 창작의 과정은 작가만의 것이 아니라 독자와 함께하는 것임을 알려 주기 위해서였다.

아이들은 '카카오페이지'와 '네이버 시리즈' 앱에 들어가 장르별로 두세 작품씩 읽었다. 초기에는 웹소설 단행본을 구입해 읽히는 방식도 고려했으나 설계한 수업 목표와 방향에 맞지 않다고 판단했다. 책에는 문장이 인쇄용지 크기에 맞게 배열되어 있어 웹소설 특유의 문체가 드러나지 않는다. 스마트폰으로 웹소설을 읽어야, 직사각형 화면에 최적으로 구성된 단문의 배열과 손가락으로 스크롤할 때마다 바뀌는 이야기의 구조를 파악할 수 있다. 웹소설 창작 수업을 계획한다면 책이 아닌 스마트폰을 활용하는 것을 추천한다. 웹소설은 분량이 매우 많지만(판타지 장르의 경우 평균 800화 이상), 웹소설의 특징을 이해하는 것이 목적이라면 무료 연재분만 읽어도 그 안에서 주요 클리셰를 충분히 파악할 수 있기 때문이다.

한번 소설을 읽기 시작하자 학생들은 쉬는 시간에도 독서 삼매경이었다. 그런데 뭔가 이상했다. 열심히 읽고 있는 만큼 '독자 댓글 분석'도 열심히 하고 있어야 하는데, 수상스럽게도 아이들의 타자 소리가 들려오지 않았다. 수업 종이 울리고 학생들의 분석 활동을 점검해야겠다고 생각했다. 오늘 활동의 포인트는 이야기를 즐기는 것만이 아니라 독자들에 대해서도 알아 가는 것! 활동 과제를 업로드한 학생들의 결과물을 같이 보며 독자 댓글 분석에서 중요한 점을 다시 한 번 짚어 줬다.

"자, 아이돌물 현대 판타지를 분석한 진명이의 결과물을 보자. 〈데뷔 못 하면 죽는 병 걸림〉을 읽었네? 주인공이 아이돌 지망생에게 빙의했는데, 눈앞에 게임 상태창이 보여. 그런데 이 상태창이 아이돌이 되지 못하면 죽는다고 경고를 하네? 그래서 살아남기 위해 데뷔하려고 고군분투하는 이야기였어. 진명아, 네가 고른 독자 베스트 댓글을 읽고, 왜 골랐는지 설명해 볼래?"

> **BEST** 전개? 질질 끄는 거 없음. 서사? 걍 작가가 서사 장인임. 떡밥? 쌓기만 하지 않고 적당한 시기에 독자들 뒤통수침. 현실 고증? 작가가 아이돌 팬 커뮤는 다 뛰어 본 듯함.

"이 댓글이 '좋아요'를 제일 많이 받아서 골랐어요. 독자들은 빠른 전개를 원하고, 생각할 거리를 줘도 빠르게 떡밥(복선)을 회수하는 걸 좋아한다고 생각했어요. 또 등장인물들이 게임처럼 퀘스트를 깨는 걸 재미있어 하는 것 같아요."

평소 조용하던 진명이의 발표에 주위에서 우와, 하고 탄성이 터져 나왔다. 그렇지만 여기서 끝나선 안 되는 법.

독자가 좋아하는 요소를 구현하기 위해 작가가 어떤 클리셰를 사용했는지 파악해 보도록 질문을 던졌다.

"주인공이 겪는 역경을 빠르게 극복하기 위해 이 작가가 사용한 '설정'이 뭐였니?"

학생들이 뭔가 깨달았다는 듯 대답했다.

"눈앞에 게임 상태창이 뜨고, 자신의 능력치가 상태창에 표시되는 거요."

"상태창이 시키는 퀘스트를 성공하면 짧은 시간 안에 아이돌 능력치가 올라가요."

비계를 더 제공하려 했으나, 어느 순간 아무도 나의 말을 듣지 않고 있었다. 웹소설을 다시 살펴보며 자신의 과제를 보완하느라 바빴다. 선생님 설명 안 끝났는데, 라고 말하려다가 교실을 둘러봤다. 학생들이 얼굴에 미소를 띠고 과제를 하는 진귀한 광경이 있었다.

수업이 끝나고 활동 소감을 묻자 누군가 떨리는 목소리로 답했다.

"오늘은 제가 진짜 작가가 된 것 같았어요."

다들 묘한 표정으로 고개를 끄덕였다. 전혀 예상하지 못한 반응이었다. 독자를 알기 위한 수업을 했는데 어째서 학생들은 '진짜 작가'로서의 자신을 경험한 거지? 아이들의 대답을 듣고서야 나도 미처 몰랐던 수업의 의미를 알게 되었다.

"전에는 제가 글을 쓰면, 독자들이 제 생각과 가치관을 이해해 주면서 읽을 거라고 생각했어요. 그런데 독자들의 기대에 벗어나는 글을 쓰면 아무도 읽어 주지 않을 수 있겠다는 생각이 들었어요. 독자가 읽지 않으면 안 되는 거예요."

쓰기를 고려해 글을 읽고, 댓글을 분석하며 아이들은 드디어 '독자와 작가가 연결되어 있다'는 감각을 느꼈다. 독자 중심 글쓰기로 나아가는 인식의 전환이 일어나는 순간이었다.

Lv.1 망망대해에서 클리셰를 찾아라!

[5~6차시] 장르 작가 집단 토의

학생들이 선호하는 장르를 조사해 보니 크게 현대 판타지, 로맨스 판타지, 로맨스였다. 각 장르에 맞는 피드백을 제공하기 위해 모둠을 나눴다. 학년 구분을 두지 않고 섞어서 선후배끼리도 다양한 의견을 주고받을 수 있도록 했다. 각 모둠은 '장르 작가 집단'이라고 불렀다. 현대 판타지 장르

로 모인 모둠은 '현대 판타지 장르 작가 집단', 로맨스 장르
로 모인 모둠은 '로맨스 장르 작가 집단'이다.

장르 작가 집단은 클리셰 선택, 캐릭터와 세계관 구
성, 로그라인 및 시놉시스 작성까지 웹소설 창작의 모든 과
정을 함께하는 동료다. 그리고 장르 작가 집단 속 모둠원들
은 작가이자 상대의 글을 처음으로 읽는 독자(퍼스트 리더)
로서 조언을 해 주는 역할을 한다.

"아니, 네 소설 남자 주인공 머리를 빨간색으로 하면
안 된다니까?"

"빨간색 머리가 뭐 어때서. 웹툰에서는 멋있던데."

"북부대공이라며. 북부대공 머리는 무조건 검정색이
야. 흰 설원에서 말을 타고 검정색 머리카락을 휘날리는 장
면이 매력 포인트라고. 너 설마 북부대공이 말을 잘 탄다는
설정도 빼먹은 건 아니지?"

장르 작가 집단 토의는 '빨간 머리 북부대공'을 만들었
던 이 학생이 퍼스트 독자들의 거센 항의에 캐릭터를 수정
하는 시간이었으며, 내 장르의 동료 작가에게 아이디어를
처음 선보이고 객관적인 피드백을 받는 시간이기도 했다.

"핵전쟁으로 무정부 상태가 되고, 사람들은 능력치에
따라 게임 순위처럼 레벨을 받게 돼요. 그러면서 서로 싸우
고 상대를 제거하며 레벨업 하는 거예요. 게임 클리셰를 써

봤어요."

"후배님, 그건 좀 잔인한데요. 너무 공격적인 내용이기만 하면 불쾌할 것 같아요."

"저는 검에 재능을 지닌 사람이 억울하게 죽고 회귀해서 세상을 구하는 이야기를 쓰고 싶어요. 그리고 과거에서 끝나는 게 아니라 미래로 시간 이동도 하면 좋을 것 같아요."

"오, 미래로 가는 건 진짜 흥미롭다. 이거 잘 살려 봐."

재미있는 이야기라고 확신하던 학생들이 동료들의 아리송한 반응에 고민하는 모습, 자신 없이 이야기하다 동료들의 적극적인 지원에 신나게 타자를 치는 모습, 본인이 생각지도 못했던 부분을 듣고 놀라는 모습이 시시각각 펼쳐졌다. 평소 글쓰기 수업에서 피드백을 받아도 수정하지 않던 학생들이 동료의 피드백을 바로 반영해서 새로웠다.

다음 활동은 본인 장르 웹소설에 대한 독자들의 반응을 공유하는 것이었다. 학생들은 독자가 좋아하는 요소와 싫어하는 요소가 무엇인지 이야기하고, 서로 다른 장르의 웹소설을 분석했지만 비슷한 종류의 클리셰가 반복된다는 점을 발견했다. 보잘것없던 주인공이 회귀·빙의·환생을 통해 엄청난 능력을 얻으며 이야기가 시작된다든가, 삼각관계인 등장인물들 중 악인은 늘 주인공들보다 좋은 환경에 놓여 있어야 한다든가. 매력적인 구조를 찾아내고 '유레카'를 외치기도 했다.

"판타지는 아포칼립스물로 써야 재미있구나!"

"아포칼립스물에 회귀랑 미래 설정도 넣으면 완전 대박 날 듯."

"빙의도 주인공이 성장하기에 편한 클리셰지 않아? 이것도 키워드로 넣자."

"그래도 사람들이랑 으쌰으쌰 노력하는 주인공이 인기가 많지 않을까?"

아이들은 토의 내용을 키워드(#해시태그) 형식으로 정리했다. 그중 소설 창작에서 활용할 것을 간추린 후, 키워드들을 엮어 자신이 쓰고 싶은 이야기를 2줄로 적었다. 창작 수준은 저마다 달랐지만 클리셰를 조합해서 이야기의 큰 틀을 만들어 가자 모두 비슷한 속도로 활동을 마칠 수 있었다. 쓰고 싶은 이야기가 없던 학생들에게는 클리셰가 창작의 첫 단추 역할을 했다. 쓰고 싶은 이야기가 너무 많던 학생들에게 클리셰는 이야기의 방향을 알려 주는 이정표가 되었다. 독자에게 사랑받는 이야기가 쓰고 싶었지만 머뭇거리던 학생들은 클리셰를 믿고 일단 쓰기 시작했다.

Lv.2 선명하고 직관적인 스토리를 위해

[7~12차시] 장르 클리셰 활용

웹소설의 스토리는 주인공의 욕망이 생기며 시작하고, 주인공의 욕망이 해소되며 끝난다. 따라서 독자가 원하는 선명하고 직관적인 이야기를 만들기 위해서는 주인공의 욕망이 명확해야 한다.

학생들은 자기 소설의 주인공이 어떤 욕망을 가지고 있는지 1줄로 써서 정리한 후 주인공 캐릭터를 설정했다. 클리셰를 철저히 반영해야 하는 세계관이나 이야기 구조와 달리, 캐릭터에는 작가의 개성을 어느 정도 반영할 수 있도록 했다. 그렇게 해도 독자들의 저항이 크지 않기 때문이다. 또한 주인공과 함께 이야기를 움직여 나갈 대적자를 만들었다. 주인공의 욕망과 정반대의 욕망을 가진 인물로, 주인공이 욕망을 실현하지 못하게 하는 캐릭터다. 그런데 수업을 해 보니 주인공은 곧잘 구성했지만 대적자를 설정하는 데 어려움을 느끼는 학생이 많았다.

"선생님, 대적자를 구상하고 있는데… 뭔가 약한 것 같아요. 얘네들 이야기로 1화는 쓰겠는데 2화는 못 쓸 것 같은 느낌?"

뭔가 애매하다는 학생의 말에 학생의 캐릭터를 살펴봤다. 제목은 〈세계 최고의 상단을 차리겠습니다〉인데, 주인공과 대적자가 싸우는 이유는 대적자가 주인공에게 늘 비교당하기 때문이라는 설정뿐이다. 대적자의 상황이 나와 있지만 주인공이 무엇을 위해 살아가는지가 선명하게 드러나 있지 않았다. 주인공과 대적자가 충돌하지 않고 적당히 화해할 수도 있는 관계로 설정된다면, 이야기는 더 진행될 수 없다.

둘의 욕망을 더 구체화하도록 했다. 두 인물 모두 '최고의 상단'을 만드는 것이 목표지만 공동 경영을 하지 못하는 이유를 줘야 한다고 말이다. 힌트를 얻은 학생은 '상단 구성원의 잠재력을 이끌어 내는 상단, 소비자들에게 행복을 줄 수 있는 상단 만들기'를 욕망하는 주인공과 '결과로 보여 주는 능력 중심의 상단, 대중적인 물품으로 돈을 많이 버는 상단 만들기'를 욕망하는 대적자를 만들었다. 경영 철학, 추구하는 상단의 목표를 다르게 설정해 두 인물이 결코 화해할 수 없도록 했다.

주인공과 대적자의 이미지, 성격, 히스토리(과거사), 능력, 특이점까지 만들었다면 세계관을 구상할 차례다. 세계관은 장르 클리셰를 반드시 지켜야 한다. 작품의 배경이 되는 세계관이 어려워지는 순간 독자는 읽기를 포기하기 때문이다. 학생들은 동료 작가들과 논의했던 모든 키워드를 모아 장르 클리셰를 정리하고, 이 중 자신의 이야기와 어울리는 클리셰를 두 가지 골라 세계관 설정에 반영했다. 학생들은 캐릭터 설정보다 세계관 만들기를 더 수월하게 여겼다. 독자의 재미가 보장된 기존의 설정을 자신의 이야기에 덧붙이는 작업이라 부담이 적었을 것이다.

세계관에 대한 정보는 3차시에 걸쳐서 완성하도록 했다.

"세계관을 구성할 때는 환경, 스테이지, 고유 설정을 생각해야 해. '환경'은 주인공이 살아가는 시대나 국가에 대한 정보를 뜻해. 주인공의 사회·문화적 환경이 어떤지 설정해 두는 거지. '스테이지'는 주인공이 활약하게 될 무대에 대한 구체적인 정보야. 마지막으로 '고유 설정'은 다른 웹소설에 없는 나만의 고유한 세계관 설정을 의미해. 클리셰를 해치지 않는 선에서 약간의 변주를 주는 건 독자에게 신선함으로 느껴지기도 하거든. 그리고 이제 제목도 한번 지어 봐."

현대 판타지 장르 작가 집단의 3학년 학생 중에는 부모님과 대립하는 고등학생의 이야기를 쓰고 싶어 하는 아이가 있었다. 하지만 어떤 배경에서 풀어 나가야 할지 몰라 애를 먹고 있는 상황이었는데, 여러 클리셰 중 '주인공은 먼치킨이다'라는 설정에 주목해 세계관을 구상해 냈다.

제목
〈예지몽을 꾸는 여고생이 부모로부터 살아남는 법〉

환경 정보
21세기 한국 경기도를 배경으로 한다.

스테이지 정보
- 유선고등학교(지역 자율 사립고): 제약회사가 후원 중인 학교라서 많은 학생이 이 학교에 진학하길 원한다. 제약회사 입사를 위한 특별반이 존재한다.
- 류승현의 제약회사: 유명한 회사지만 세간에 알려진 바는 없다. 유독 기부나 봉사를 열심히 하는 기업이나 실상은 불법 실험을 통해 불법 약물을 제조하고 유통하는 기업.

고유 설정
- 주인공은 예지몽 능력이 있다.
- 이 세계에는 신이 존재하며, 주인공의 능력은 신이 준 것이다.

환경과 스테이지 정보는 웹소설에 직접적으로 드러나지 않을 수 있지만, 탄탄하게 짜여 있을수록 인물의 대사와 행동을 만들기 쉽다. 그러나 학생들 대부분이 '현대 한국' 혹은 '고등학교' 수준으로만 설정한다. 따라서 교사나 동료 작가들이 "여기서 네 캐릭터가 어떤 사건을 일으키는 거야?" "이 고등학교에는 어떤 학생들이 주로 있어?" "제약 회사의 주력 상품이 뭔데?"와 같은 질문과 피드백을 제공해 촘촘한 세계관을 만들 수 있도록 도와줘야 한다. 위 3학년 학생은 이를 반영해 기존의 세계관을 수정하고 캐릭터를 상세하게 보완했다.

제목

〈예지몽을 꾸는 여고생이 부모로부터 살아남는 법〉

세계관 구성(환경, 스테이지, 고유 설정)

1) 환경 정보

21세기 한국이 배경. ○○구(경기권).

2) 스테이지 정보

• 류승현의 제약회사: 새롭게 뜬 제약회사. 직원을 엄격하게 선발한다. 희귀 질환을 치료하는 약물을 개발해 좋은 이미지가 있으나 각종 불법 실험을 통해 불법 약물을 제조 및 유통한다. 기부를 많이 하는 착한 기업으로 포장되어 '○○구의 자랑'으로 알려져 있다.

- 유선고등학교: 전교생이 약 800명. 학생 수에 비해 규모가 굉장히 큰 지역 자율 사립고다. 류승현의 제약회사가 후원 중인 학교라 학생들에게 인기가 많은 명문고지만, 실상은 아니다. 학년마다 10개 반이 있으며 중상위권 학생이 많다. 보수적이고 엄격한 분위기이고 성적이 높은 학생들을 특별 대우한다. 류승현의 제약회사에 데려갈 만한 인재를 뽑기 위해 작년에 특별반을 신설했다.
- 한국체육고등학교: 우리나라 체육고등학교 중 가장 우수한 학교다.

3) 고유 설정
- 주인공에게는 예지몽 능력이 있다.
- 신이 존재하는 세계다. 주인공의 능력은 신이 준 것이며, 신은 죽은 사람도 되살릴 수 있다.

캐릭터 구성(주인공, 대적자)

1) 주인공: 류연화
- 주인공의 욕망: 불법 약물 사업을 중지시키고 어머니의 죽음에 관한 진실을 밝히고 싶다.
- 이미지: 흑장발, 흑안, 18세, 여고생, 체육복, 후드 집업, 어두운 색 계열 의상, 차가워 보이는 인상.
- 성격: 정의로움(모계 유전), 냉철함, 비관적이나 조력자

를 만나 낙천적으로 변화, 이성적이면서도 감정적인 부
분 존재, 이타적임.

- 히스토리: 중학교 때까지 홀로 유학을 했고 그 과정에
  서 조력자를 만남. 어머니가 어떤 사건으로 인해 돌아
  가심(원인 불명). 이 사건 이후 예지몽을 꿀 수 있게 됨.
  현재 아버지와 새어머니, 그리고 이복형제와 함께 살고
  있음.

- 능력: 예지몽을 꿀 수 있음.

- 특이점: 신체 능력이 뛰어남. 귀국해서 한국체육고등학
  교에 진학하려 했으나 아버지의 반대로 이복형제가 다
  니는 유선고등학교에 입학하게 됨.

2) 대적자: 류승현(류연화의 아버지)

- 대적자의 욕망: 불법 약물 사업으로 권력과 재력 모두
  를 얻고 싶다.

- 이미지: 185cm, 흑발 적안, 뚜렷한 이목구비, 정장, 47세.

- 성격: 야망이 크고 이성적, 계산적임. 양심의 가책을 느
  끼지 못함.

- 히스토리: 불법 약물 사업을 위한 밑천이 부족해 재력
  가였던 여자와 결혼함. 뒤늦게 사업의 진상을 알게 된
  아내가 사업을 조사하자 아내에게 몹쓸 짓을 함. 이후
  결혼 전 불법 약물 사업의 동업자 관계였던 사람과 재

혼함.

- 능력: 약물에 대해 다방면으로 지식을 갖고 있는 천재.
- 특이점: 감정이 결여되어 있음.

환경 정보에 '류연화'가 사는 세계의 사회·문화적 맥락이 담겨 있지 않아 다소 미진하지만, 처음보다 훨씬 구체화되었다. 수정된 과제는 이 스토리와 관련한 영화 세트장을 바로 떠올릴 수 있을 만큼 생동감 있게 바뀌었다.

Lv.3 클리셰는 독자만을 위한 것일까?
[13~15차시] 로그라인과 시놉시스 작성

로그라인은 작품 전체의 내용을 한두 문장으로 요약하는 것이다. 앞 시간에 했던 '키워드로 나의 이야기 2줄 정리하기'를 더 자세히 쓰면 된다고 안내했다. 학생들은 이전에 작성했던 문장에 주인공과 대적자의 캐릭터 및 세계관을 넣어 로그라인을 구체화했다.

이 로그라인을 바탕으로 중심 사건을 간략하게 정리한 글이 시놉시스다. 소설의 처음, 중간, 끝이 드러나고 주요

인물들의 관계가 설명되어 있어야 한다. 시놉시스가 상세할수록 1화 작성에 걸리는 시간이 줄어든다. 따라서 2차시에 걸쳐 1000자 이내의 시놉시스를 쓰도록 했다. 학생들은 쉬는 시간을 아껴 가며 시놉시스를 작성했다. 그러나 3분의 1 이상이 완성하지 못했다. 시간 내에 시놉시스를 쓴 학생과 쓰지 못한 학생의 차이는 주인공과 대적자 캐릭터의 완성도에 있었다.

"샘… 글이 안 나와요…."

"윤아, 저번에 작성했던 스테이지 정보 떠올려 봐. 거기서 주인공이 뭔가를 하는 걸로 시작해 보자. 주인공이 어떤 사람이랬지?"

"음… 주인공은 황태자와 약혼한 사이였는데 버림받은 뒤 죽었다가 회귀해요. 회귀한 다음 황태자에게 복수하고 싶어 하고요. 하지만 어쩌다 친해져서 당황해하는 그런 내용인데 중간에 막혔어요."

윤이는 내게 로그라인을 말하고 있지만, 정작 중요한 내용을 설명하지 못하고 있다. 바로 주인공의 욕망이다. 주인공이 변화된 황태자와의 관계에서 무엇을 하고 싶은 사람인지 설정하지 못했기 때문에 시놉시스가 중간에 멈췄다. 주인공을 죽인 황태자가 대적자인지 연인인지도 불투명하다. 주인공의 행동과 맞물려 돌아갈 대적자와 그의 행동이 부재하는 웹소설은 톱니바퀴의 톱니가 없는 것과 같다.

반면 서은이는 시놉시스 작성을 빠르게 끝냈다. 동물병원에 근무하는 수의사를 주인공으로 판타지를 쓰고 싶은데 주인공 캐릭터가 만들어지지 않아 풀 죽은 목소리로 답답함을 토로했던 학생이었다. 수의사가 가질 수 있는 보편적인 욕망과 판타지를 통해 해결할 수 있는 욕망이 무엇인지 찾아보라고 조언했다.

"아, 샘! 수의사는 동물을 사랑하고 살려 내는 것을 원하니까, 제 주인공은 동물을 살리고 싶은 욕망을 가진 사람으로 할래요. 그런데 이 동물들이 평범하지 않은 신수神獸인 거죠. 그 신수들을 데리고 자신의 세상을 지켜 내는 소심한 인물로 설정할래요."

주인공의 욕망을 구체화한 서은이는 세계를 무너뜨리기 위해 신수를 죽이는 대적자 캐릭터를 구성했다. 이들을 서은이의 세계관에 올려 두자 두 캐릭터가 대립하는 과정이 실타래처럼 풀려 나왔다. 수의사인 주인공은 부모님의 유품으로 신수를 제어할 수 있는 용의 비늘을 얻는다. 용의 비늘을 탐내는 대적자 때문에 부모님이 돌아가셨다는 것을 알게 된 주인공은, 부모님의 복수와 마을의 평화를 위해 대적자와 맞서 싸우기 시작한다. 이처럼 주인공과 대적자의 욕망이 명확하게 대립하면 작가가 아닌 캐릭터들이 저절로 움직이며 시놉시스를 만들어 간다.

시놉시스를 작성한 후에는 장르 작가 집단의 토의가 이뤄져야 한다. 14차시에 걸쳐 만난 장르 작가 집단의 친구들은 그 어떤 독자보다 모둠원이 쓴 글의 내용과 매력을 잘 파악하고 있어 이에 맞는 피드백을 줄 수 있다. 또 같은 작가로서 서로의 글을 읽으며 동료가 어떻게 발전해 왔는지 보고 그에 자극받을 수 있다. 그러나 나는 시놉시스 단계에서의 피드백 과정을 생략하고, 잠시 샛길로 빠졌다. 캐릭터, 세계관, 로그라인, 시놉시스에 담긴 클리셰의 새로운 역할을 발견했기 때문이다.

웹소설 수업 후반부에 이르러 웹소설 창작의 의의에 대해 다시 생각했다. 개인적인 경험에서 비롯된 고민이었다. 수업 준비를 위해 다양한 웹소설을 읽으며 '취향'을 갖게 되었다. 처음에 웹소설의 '취향'이란 어떤 장르의 클리셰를 선호하느냐를 뜻했다. 그런데 선호하는 장르가 생기고 특정 장르의 클리셰를 반복적으로 접하면서, '취향'의 의미가 변화했다. 클리셰가 아닌 캐릭터성에 대한 취향이 생긴 것이다. 같은 클리셰 상황에 놓여도 어떤 캐릭터는 전형적이지 않은 선택을 한다. 캐릭터의 독창적 선택이 거부감이나 복잡함으로 다가오기보단 신선함으로 느껴졌다.

'웹소설은 전형성이 매력이다'라는 기조로 수업을 해 왔기 때문에 이런 전환이 당황스러웠다. 그러나 같은 장르의 전형적인 캐릭터가 주는 익숙한 즐거움보다 예상을 깨는 낯선 선택이 즐거웠다. 선호하는 캐릭터 유형이 생기며 선호하는 웹소설 작가도 생겼다. 클리셰적인 상황에서 등장인물이 행동을 결정하는 방식이 작가에 따라 달라진다는 것을 깨달아서다. 이런 즐거움은 나만 느끼는 예외적인 것일까? 다른 독자도 나와 같은 지점에서 즐거움을 느낀다면, 독자는 웹소설의 클리셰 뒤에 숨겨진 작가의 욕망을 사랑할 수도 있는 것 아닐까? 어쩌면 클리셰는 독자의 재미를 위한 요소일 뿐 아니라 작가가 자신의 메시지를 남몰래 전달하기 위한 장치가 될 수 있겠다는 생각이 들었다.

　도서반 학생들은 지금까지 독자를 강하게 의식하며 웹소설을 구상했다. '독자 중심 글쓰기'라는 학습 목표가 어느 정도 충족되었다는 판단 하에 심화 수업을 준비했다. 일명 '로그라인 뒤에 숨겨진 나의 욕망 발견하기'다.

말하지 않았지만 말하고 싶었던 우리의 메시지들

이 수업은 작가인 '내'가 클리셰를 선택한 까닭을 천천히 고민해 보는 시간이다. 여러 클리셰 중에 하필 그 클리셰를 선택한 이유는 무엇인지, 클리셰적인 상황에서 나의 주인공에게 어떤 캐릭터성을 부여했는지, 왜 하필 그 캐릭터성을 가지게 했는지 돌아보도록 했다. 로그라인에 나도 모르게 숨겨 둔 메시지가 무엇이었는지 파악하는 것이 시작이다.

그동안 해 왔던 활동의 흐름과 사뭇 다른 주제라 수업 직전까지 주저했다. 괜히 했다가 갑자기 방향을 잃는 수업이 되는 건 아닐까? 학생들이 이해할 수 있을까? 계속되는 고민을 멈추게 한 건 일전에 들었던 학생들의 목소리였다. '오늘 진짜 작가가 된 것 같은 기분이었어요!' 반짝이는 눈, 들뜬 목소리. 쓰고자 하는 사람의 아름다움은 이런 걸까, 느꼈던 그 순간 말이다. 그래, 그동안 우리 열심히 독자의 욕망을 탐구했으니, 독자의 욕망을 발굴하는 작가의 욕망을 발견할 필요가 있어. 마음을 다잡고 도서실에 들어가 학생들에게 말했다.

"오늘은 독자가 아닌 너희의 욕망을 살펴볼 거야. 토의 때 충분히 이야기를 나눴지만, 찝찝함이 남았을 거야.

웹소설 창작 과정에는 정말 '나'가 없는 걸까? 작가인 나는 그저 기계처럼 글을 쓰는 사람일까? 웹소설 작가는 독자에게 아무 메시지도 전달할 수 없는 걸까? 오늘은 그 답을 찾아가는 시간이야."

학생들은 지금까지 봤던 모습 중에 가장 기쁜 얼굴로 수업을 듣기 시작했다. 늘 조용하던 아이들까지 '기계가 아닌 작가'라는 표현에 고개를 끄덕이는 모습이 예뻤다.

"먼저 자신이 썼던 로그라인을 다시 읽어 보자. 너희는 여러 클리셰 중 너희의 마음에 든 클리셰를 선택해서 로그라인을 작성했어. 오늘은 거기서 시작할 거야. 왜 하필 그 클리셰가 마음에 들었니? 예를 들어 볼게. 지난번 형빈이가 작성한 로그라인을 보자. '회사에서 해고되어 굶어 죽기 직전, 의문의 힘을 얻게 되는 주인공 박성우가 자신의 가족을 죽인 범인을 찾는다'야. 형빈이는 여기에 어떤 클리셰를 활용했어?"

"판타지 소설에서 위기에 빠진 주인공이 힘을 얻어서 문제를 해결하는 클리셰요."

"왜 하필 이 클리셰를 선택했던 거야?"

형빈이는 당연한 걸 묻는다는 듯 답했다.

"그야… 힘이 없던 사람이 갑자기 힘을 가져서 모든 걸 해결할 수 있는 게 제일 재미있잖아요."

"너에게? 아니면 독자에게?"

"독자가 재미있어하죠. 그리고 저도 재미있구요."

"독자는 다른 걸 더 재미있어할 수도 있지 않을까? 꼭 그 클리셰일 필요가 있나?"

"다른 독자도 재미있는데 저도 재미있다고 생각하는 걸 쓰면 더 좋잖아요."

"얘들아, 형빈이가 오늘 수업의 핵심을 전부 이야기해 줬다. 박수!"

작가가 자극하고자 하는 독자의 욕망에는 결국 작가 자신의 의도가 들어간다. 나는 학생들이 자신의 의도를 발견해 내길 바랐다.

"형빈이는 '현실에선 약한 내가 힘을 얻어 모든 것을 잘 해내고 싶다'는 욕망을 가진 독자들을 자극하고 싶었던 거야. 형빈아, 네 소설의 결말은 뭐야? 주인공이 힘을 얻고 '흑화'하니?"

"아니요. 힘을 얻는데, 그 힘으로 나쁜 사람들을 혼내 주고 약한 사람들을 도와줘요."

"힘이 없어서 차별받던 주인공인데, 힘을 얻고 마음대로 살 수 있는 내용으로 쓰면 안 되었던 거야?"

"아… 샘… 그건 아니죠. 힘 있는 사람은 약한 사람들을 도와야죠."

이 대화로 학생들은 클리셰를 통해 자신의 가치관이 자기도 모르게 작품에 담길 수 있다는 점을 이해했다. 그리고 각자 자신의 로그라인을 분석하며 클리셰 뒤에 숨겨진 본인의 욕망을 찾아내기 시작했다. 중학생들이 할 수 있을까? 기대감을 갖고 학생들의 과제물이 업로드될 때까지 기다렸다.

1학년 정○○

- 로그라인: 백제인 청년 '화룡'은 신라에 의해 멸망한 백제를 다시 일으키겠다는 마음으로 김유신의 집에 쳐들어가려 한다. 그러나 결국 죽게 되고 부정부패로 멸망해 가는 3000년도에서 눈을 떴다.
- 로그라인에 반영된 클리셰: 원한을 갖고 죽은 주인공이 환생을 겪는다.
- 그 클리셰를 선택한 이유: 원한을 가진 사람들이 한을 이루길 바랐다.
- 나(작가)의 메시지: 간절히 바라는 일은 예상치 못한 흐름을 만들어 이뤄지게 된다.

이 학생은 평소 시니컬한 표정으로 세상을 대했다. 달관한 듯한 말투로 "어차피 안 되잖아요"라고 말하던 아이였다. 쓰고자 하는 소설도 현실과 거리가 아주 먼 세계의 이야기였다. 그런데 아이가 쓴 작가 메시지를 확인한 순간, 아이의 마음에 자리 잡고 있는 뜨거운 불길이 보였다. 한 학기 내내 매일 만나면서도 바라는 게 없는 학생이리라 오해했던 것이 떠올라 과제를 업로드한 아이의 얼굴을 살펴봤다. 무슨 생각을 하는지 여전히 알 수 없었다. 내면에만 있던 열망을 밝히는 시간이 이 학생에게 어떤 의미로 다가갔을지는 아직도 잘 모르겠다. 수업이 끝나고 디벗을 담은 카트를 덜덜 끌고 가며 한참 생각했다. 겉으로 표현하는 것이 다가 아님을, 표현하고 싶은 말들을 여러 번 갈무리해 숨기는 방식으로 웹소설을 택할 수도 있음을.

학생들은 자신이 분석한 작가 메시지를 보고 놀라워하면서도 부끄러워했다. 특히 자신의 가치관을 직접적으로 드러내는 데 부담을 느끼는 아이들이 이런 반응을 보였다. 클리셰가 노골적으로 느껴질 수 있는 작가의 메시지를 '안전하게' 포장해 독자에게 배달하는 역할을 할 수 있었던 것이다. 실제로 해당 활동 이후 했던 설문조사에서 아이들은 다른 사람의 눈치를 보느라 말하지 못했던 내용을 좀 더 쉽게 표현할 수 있었다고 답했다. 웹소설 속 클리셰는 정서적으로 민감하고 격동의 시기를 겪는 청소년 작가들이 자신의 메시지를 숨기면서도 이야기를 자유롭게 풀어 낼 수 있는 유용한 장치이자 방어막임을 확인할 수 있었다.

두근두근, 웹소설 1화 대공개!

드디어 1화를 쓰고 데뷔하는 날이 되었다. 도서실 밖에서 학생들의 목소리가 두런두런 들려왔다.

"오늘 우리 데뷔하는 거 맞지?"

"나 혹시 중학생 최초 유명 작가 되는 거 아냐?"

"내 꺼 올리면 '좋아요' 눌러 줘, 제발."

조용하게 선생님을 기다리던 도서반 학생들은 간데없고, 데뷔를 앞둔 작가들의 기대로 분위기가 붕 떠 있었다. 기분 좋은 설렘이었다.

오랜 시간 구상해 온 웹소설의 첫 화를 작성하기 전, 나는 학생들에게 다시 초심으로 돌아가 보자고 했다. 구상과 별개로 1화의 첫 문장을 쓰는 건 매우 어렵다. 또 1화에서 알쏭달쏭하게 끝나는 웹소설은 독자들에게 선택받지 못한다. 주인공이 어떤 사람이고 어떤 일을 할지 명확하게 알려 주며 끝나야 독자의 호기심을 불러일으킨다. 이 점을 생각하며 본인이 그동안 분석했던 웹소설의 1화를 다시 읽어 보라고 했다. 그것을 참고해 첫 화에 주인공의 상황과 능력, 그리고 욕망이 바로 드러나게 쓰라고 강조했다.

웹소설 1화는 보통 3500자에서 5000자 내외다. 학생들에게도 해당 분량만큼 쓰라고 했지만 2000자 정도로 마무리한 학생이 많았다. 다 쓴 학생을 대상으로 아마추어 연재 플랫폼을 추천한 뒤 업로드하길 권하며 웹소설 창작 수업을 마쳤다. 초기 수업 계획은 모든 학생이 자신의 웹소설을 올리는 것이었으나, 익명의 독자들에게 악플을 받을 위험성을 고려하지 않을 수 없었다. 그래서 자신이 원하는 방식으로 댓글이 달리지 않을 수 있음을 거듭 이야기하고, 악플의 위험을 감수할 만큼의 확신이 있는 학생만 업로드하라고 안내했다.

재미있는 이야기는 성공한다

근엄하게 수업을 마친 뒤 학생들을 내보내고 나면 늘 도서실에서 수업을 함께 지켜보던 사서 선생님께 자랑을 했다.

"선생님… 아까 발표하는 거 들으셨죠. 우리 애들이 천재인 걸까요? 전 정말 행복해요…"

잔잔한 미소를 띠고 디벗을 반납하러 가다 보면 동료 선생님들이 말을 건네 왔다.

"웹소설 수업을 하고 오셨군요! 오늘도 얼굴이 빨개요, 샘."

나는 이 수업으로 '덕업일치'를 이뤘다. 내가 좋아하는 걸로 수업할 수 있고, 그 수업을 통해 학생들이 매시간 자신을 발견하고 성장하는 걸 볼 수 있다니. 이야기는 즐거운 것이라는 감각을 공유할 수 있다니. 국어 교사로서 이보다 더 행복한 일이 있을까. '웹소설이 재미있긴 한데, 학교에서 수업하기에는 좀…'이라는 반응에 이제 주눅 들지 않는다. 재미있는 이야기는 성공할 수밖에 없다.

무엇보다 웹소설은 '독자 중심 글쓰기'를 경험할 수 있는 효과적인 수단이자 누구에게나 창작의 경험을 제공할 수 있는 장치다. 웹소설의 매체적 특징은 '나'에 매몰되어 있던 학생들의 시선을 독자로 돌리게 하고, 웹소설의 클리셰는 창작에 어려움을 겪는 학생들에게 유용한 도움닫기로 작용한다. 글자로 된 건 모두 재미없다는 편견을 가진 학생들, 소설 창작은 어려운 것이라고 생각하는 학생들, 쓰고 싶지만 쓰는 방법을 몰라 고민하는 학생들을 지도한다면 웹소설 창작 수업이 도움이 될 것이라 확신한다.

중학생을 위한 웹소설 창작 활동지

✦ **장르별 대표 웹소설을 읽고, 독자 댓글을 살펴봅시다.(2~4차시)**

웹소설 작가가 되기 전, 웹소설을 잘 아는 독자가 되어야 좋은 웹소설을 쓸 수 있지 않을까요? 오늘은 장르별 대표 웹소설을 읽고 간단한 감상을 남겨 봅시다. 무료분을 최대한 많이 읽으며 웹소설의 문체·내용·구성 등에 익숙해져 봐요. 웹소설 한 편마다 있는 독자들의 댓글도 유심히 읽고, 독자가 어떤 웹소설에 열광하는지 분석해 보면 금상첨화!

1. 자신이 좋아하는 장르의 웹소설을 찾아봅시다.
- 한 소설당 무료분은 전부 보기
- 장르별로 2작품 이상(총 8작품 이상) 읽기
- 장르: 판타지(현대 판타지, 로맨스 판타지), 로맨스, 무협, 대체 역사 등

2. 추천 리스트(작품명-작가)
- 판타지 장르
  - 현대 판타지
  〈전지적 독자 시점〉(싱숑), 〈어두운 바다의 등불이 되어〉(연산호), 〈이세

계 착각 헌터〉(대대원), 〈나 혼자만 레벨업〉(추공), 〈데뷔 못 하면 죽는 병
걸림〉(백덕수), 〈백작가의 망나니가 되었다〉(유려한), 〈문과라도 안 죄송
한 이세계로 감〉(정수월), 〈마법학교 마법사로 살아가는 법〉(글쓰는기계),
〈변경백 서자는 황제였다〉(기준석), 〈너희들은 변호됐다〉(백산), 〈주인공
의 여동생이다〉(안경원숭이)
- 로맨스 판타지
〈악역의 엔딩은 죽음뿐〉(권겨울), 〈이번 생은 가주가 되겠습니다〉(김로
아)
• 로맨스 장르
〈옷장 속의 윌리엄〉(유폴히), 〈답장을 주세요, 왕자님〉(유폴히), 〈요한은
티테를 사랑한다〉(안경원숭이)
• 무협 장르
〈화산귀환〉(비가), 〈의원, 다시 살다〉(태선), 〈일타강사 백사부〉(간짜장),
〈백룡선생〉(시니어), 〈광마회귀〉(유진성)
• 대체 역사 장르
〈블랙기업조선〉(국뽕), 〈환생했더니 단종의 보모나인〉(윤인수), 〈청동기
시대의 풍백이 되었다〉(멍애최)

**3. 장르별로 2작품 이상 감상했다면, 각 작품의 제목과 내용을 분석해 봅
시다. (시간이 없다면 재미있게 읽었던 몇 작품만 골라 분석해도 좋습니다.)**
• 작성 요소: 장르, 제목, 줄거리, 재미있었던 요소, 재미없었던 요소, 독자
   댓글에 담긴 의도 분석(500자 내외 작성)
• 독자 댓글 분석법: 많은 독자가 공감한 베스트 댓글을 바탕으로 독자들
   이 선호하는 요소와 불호하는 요소를 살펴보고, 매력적인 요소가 무엇인
   지 파악해 보세요.

✦ 키워드로 찾는 웹소설의 클리셰(5~6차시)

1. 내가 흥미롭게 읽었던 우리 장르 웹소설 내용 공유하기

TIP '내 소설도 이런 식으로 쓰면 재미있을 것 같다!'는 생각이 든 웹소설 하나를 골라 친구들에게 설명해 주세요. 줄거리를 소개하고, 인물의 성격, 인물의 능력, 세계관을 키워드(#해시태그) 형식으로 말해 주세요.

예 우리 로맨스 판타지 장르에서 잘 쓴 웹소설은 ~이라고 생각해. 이 소설의 줄거리는 ~야. 이 소설이 재미있는 이유는 주인공의 성격/ 능력이 ~라는 점 때문인 것 같아. 이 소설은 ~한 세계를 배경으로 하는데 ~라는 특이한 설정을 갖고 있어서 매력적이야.

2. 어떤 키워드에 독자들이 열광하는지 토의하기

TIP 지난 수업 시간에 분석했던 독자 댓글 내용을 친구들에게 공유하세요. 독자들에게 인기를 끈 소설의 설정, 인물의 성격, 인물의 능력, 인물의 히스토리(과거사)는 무엇이었나요? 그것들을 키워드로 정리해 봅시다. 어렵다면 웹소설 플랫폼에 있는 키워드를 참고해서 작성해 보세요.

예 • 소설의 설정: #빙의 #회귀
  • 인물의 성격: #천재 #노력
  • 인물의 능력: #전문직 #가수

3. 키워드로 정리하는 나의 웹소설

• 우리 장르 작가 집단에서 찾은 흥미로운 소재(키워드)를 모두 써 봅시다.

예 #위기 #미래 #회귀 #노력 #협동 #전문가 #아포칼립스 #성장 #갈등 #서사 #빙의

• 내가 소설을 쓸 때 활용해 보고 싶은 키워드는 무엇인가요? 5개 이상 골라 봅시다.

예 #미래 #노력 #위기 #갈등 #아포칼립스 #성장 #빙의

- 위에서 고른 키워드를 활용한 이야기를 떠올려 보고 2줄 이내로 정리하
  세요.

  예 멸망하는 미래 시대의 자신에게 빙의한 주인공이 생존을 위해 고군
  분투하는 아포칼립스물. 고등학생 주인공이 성인 자신의 몸에 빙의
  한다. (방사능 관련 소재를 쓰고 싶다.)

✦ 주인공과 대적자 캐릭터 만들기(7~9차시)

우리는 지난 시간에 2줄의 이야기를 만들었습니다. 이 이야기를 마음껏 펼
쳐 나갈 주인공과 대적자 캐릭터를 설정해 봅시다.

1. 주인공이 이 이야기 속에서 어떤 욕망을 가지길 원하나요? 1줄로 정리해 봅시다.

TIP 주인공의 욕망은 구체적이고 명확할수록 좋습니다. 생각이 잘 나지
않는다면 장르 작가 집단 토의로 찾았던 우리 장르의 키워드를 활용해 보
세요.

예 회귀 이전에 실패한 임무를 다시 완수하겠다/천하제일이 되겠다/
최고의 재벌이 되겠다/가문을 되살리겠다

2. 주인공을 설계해 봅시다

TIP 클리셰와 개성을 적당히 섞어 캐릭터의 특징을 잡아 갑시다. 아래
예시를 참고하되, 로맨스 장르는 '캐릭터 능력(클래스)'을 인물의 사회적 계
급으로 설정하세요.

예 • 캐릭터 이미지: 26~27세, 여성, 마른 체형, 작은 키, 긴 흑발, 운
  동복 선호.
- 캐릭터 성격: 정이 많음, 직설적 화법, 이타적, 선의 중시.
- 히스토리: 부모님이 헌터계 갈등으로 인한 던전 폭발에 휘말려
  사망, A급 헌터로 잘나가다가 현재는 은퇴, 루머에 시달려 조용

히 살고 싶음.
- 캐릭터 능력(클래스): 근접형 딜러, 롱소드 및 양손검 활용.
- 캐릭터 특징(특이점, 고유성): 한때 이름을 날렸던 복면 헌터, 게이트 2차 폭발 후 혼자만 재각성함.

3. 대적자를 설계해 봅시다.

TIP 주인공을 설계할 때 활용한 캐릭터 속성들(성격, 히스토리 등)을 참고해서 작성하세요. 대적자의 욕망 또한 구체적으로 설정해야 합니다. 주인공의 욕망과 함께 존재할 수 없다는 점을 고려하세요. 주인공과 대적자는 절대 서로 화해하거나 타협할 수 없습니다.

✦ 클리셰를 담은 세계관 만들기(10~12차시)

1. 우리 장르의 키워드를 바탕으로 클리셰를 정리해 봅시다. 장르 작가 집단에서 찾은 모든 키워드를 모아 장르 클리셰를 문장 형식으로 쓰고, 그중에서 2개를 고르세요.
- 우리 장르 클리셰
  예 등장인물은 환경에 따라 다른 외모를 지닌다, 회귀·빙의·환생 시 사용하는 말투나 정신연령은 모두 바뀐다, 주인공은 수려한 외모를 지녀야 한다, 신화를 배경으로 한다, 주인공은 먼치킨적인 능력을 지닌다 등.

- 내가 고른 클리셰
  예 신화를 배경으로 한다, 주인공은 먼치킨적인 능력을 지닌다

2. 세계관을 구성해 봅시다.
- 환경 정보: 환경은 세계관 전체를 아우르는 배경입니다. 내가 고른 클리셰를 충실히 반영해 소설의 시대적 배경, 공간, 사회, 지리를 설정하세요.

- 스테이지 정보: 스토리의 중심을 이끌어 가는 무대를 설정합니다. 주인 공과 대적자가 주로 활동할 곳을 마련해 보세요.
- 고유 설정: 다른 소설과의 차별점을 두고 싶나요? 고유 설정을 활용해 봅시다. 캐릭터의 능력이나 성격을 바탕으로 만들면 좀 더 쉽습니다.

3. 내 웹소설의 제목을 함께 넣어 세계관 정보를 완성해 봅시다.
- 제목
- 환경 정보
- 스테이지 정보
- 고유 설정

✦ 로그라인과 시놉시스 작성하기(13~15차시)

1. 내 웹소설의 로그라인을 완성해 봅시다.

TIP 5~6차시의 '키워드로 나의 이야기 2줄 정리하기'를 참고하세요.

2. 주인공을 위주로 중심 사건을 정리한 시놉시스를 작성해 봅시다.

TIP 이야기의 처음, 중간, 끝이 모두 드러나도록 써 주세요. 주인공을 포함한 주요 인물들의 관계성에 맞춰 중심 사건을 순서대로 배치하면 됩니다. 총 1000자 이내로 작성하세요.

3. 자신이 썼던 로그라인을 다시 읽어 봅시다.
- 작가인 당신은 독자도 선호하지만 본인도 선호하는 클리셰를 선택해 로그라인을 작성했습니다. 왜 하필 그 클리셰를 선택했을까요? 독자의 어떤 욕망을 이끌어 내고 싶었던 걸까요? 로그라인에 반영한 클리셰들을 쓰고, 그 클리셰를 선택한 이유를 '내가 자극하고 싶었던 독자의 욕망'을 근거로 설명해 보세요.

예 • 로그라인: 회사에서 해고되어 굶어 죽기 직전, 의문의 힘을 얻게 되는 주인공 박성우가 자신의 가족을 죽인 범인을 찾는다.
- 로그라인에 반영된 클리셰: 위기에 빠진 주인공이 막강한 힘을 얻어 문제를 해결한다.
- 그 클리셰를 선택한 이유: '현실에선 약한 내가 힘을 얻어 모든 것을 잘 해내고 싶다'는 욕망을 가진 독자들을 자극하고 싶었다.

- 당신은 클리셰를 통해 어떤 메시지를 전달하고 싶었던 걸까요? 나도 몰랐던 내 마음을 돌아봅시다. 독자의 욕망(클리셰)에 반영된 나의 생각과 가치관이 무엇인지 구체적으로 정리해 보세요. 찾기 어렵다면 클리셰 상황에 놓인 등장인물이 어떤 방식으로 문제를 해결하길 원하는지 고민해 보세요.

  예 · 나(작가)의 메시지: 나쁜 사람들을 벌하고 약한 사람을 도와야 한다. 힘을 가진 자는 자신의 힘을 올바른 방향으로 써야 한다.

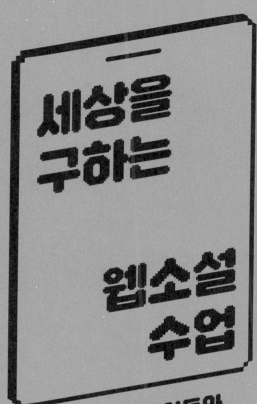

세상을 구하는 웹소설 수업

5060 동교과메이트와
함께,

시대의 욕망을 공존의
가치로 끌어오는 문학 시간

04

김윤형
기흥고등학교

#판타지

#사회문제

#문학과매체

#수행평가

그래도 학교에선
안 돼!

성황리에 끝마친 드라마 〈재벌집 막내아들〉 〈내 남편과 결혼해줘〉 〈선재 업고 튀어〉. 이 세 작품은 모두 웹소설 원작을 기반으로 만들어졌다. 드라마 현장에서만 일어나는 일이 아니다. 웹툰을 봐도 원작 웹소설을 각색한 작품들이 즐비하다. 웹소설은 2020년대 대한민국 엔터테인먼트의 커다란 기둥을 맡고 있다.

어린 시절 장르소설을 좋아하던 학생은 커서 웹소설을 좋아하는 국어 교사가 되었다. 이후 학교에서 다루고 가르친 작품들은 좁은 의미에서의 통속문학이나 대중문학과 대비되는 순문학이었다. 교과서에 실려 있는 것만으로도 당위성이 있다고 생각하며 학생들과 윤동주의 멋짐에 대해, 백석의 위대함에 대해 이야기했다. 물론 수업 중 사담을 나눌 때면 나도 모르게 취향이 흘러나왔고, 이를 눈치챈 몇몇 학생은 동류임을 느끼고 슬금슬금 다가오곤 했다. 올해 1학년 나현이도 쉬는 시간에 졸졸 따라 나와 물었다.

"선생님도 웹툰이나 웹소설 봐요?"

"그럼! 선생님 웹툰은 거의 다 봐. 그런데 웹소설은 취향을 타서 로판(로맨스 판타지)만 봐."

"헉, 저 덕후인 선생님 처음 봤어요!"

하지만 내게 웹소설은 정규 수업 외에 학생들과 소소하게 이야기할 때 공통분모가 되어 주는 매개체, 그 이상도 그 이하도 아니었다. 한 국어과 선생님은 학생들의 독서계획표를 보면서 한숨을 쉬셨다. 한 학기 한 권 읽기 계획을 세우는데 웹소설은 안 되냐고 묻는 학생이 있었다며, 웹소설을 읽고 도대체 무슨 서평을 쓰겠다는 것인지 모르겠다고 하셨다. 웹소설로 서평을 쓰고 싶다는 학생에게 무어라 대답하셨냐고 물으며, 나 역시 마음속으로 '공식적인 수행평가 활동에 웹소설은 아니지' 하고 공감했다. 내가 웹소설을 좋아하는 것과 별개로 정규 수업에서는 순문학을 다뤄야 한다고 생각했다. 편견이지만 아무리 잘 쓴 웹소설이라 하더라도, 순문학이 갖고 있는 예술적 경지에 도달할 수 없다고 여겼다.

정규 수업에서
웹소설을 가르치려면

'덕후로서의 나'와 '교사로서의 나'를 분리하며 살아오던 내가 정규 수업 시간에, 그것도 무려 동료 선생님 두 분과 함께하는 과목 수행평가로 웹소설을 가져온 것은 아이러니하게도 성취 기준 때문이었다. 올해 나는 처음으로 '문학과 매체'라는 과목을 맡게 되었다. '문학'과 '매체'. 이 낯설고도 어울리지 않는 두 단어가 나열된 과목은 예술 계열 고등학교 전문 교과다. 인문계 고등학교지만, 진로선택 과목인 '고전 읽기'를 열었다가 학생들도 가르치는 교사도 괴로웠던 경험이 있어서 아이들이 즐겁게 배울 수 있는 실용도 높은 과목을 배치하자는 교과부장님의 의견이 반영된 결과였다.

2015 교육과정에서는 문학과 매체를 '문학과 다양한 매체의 상호작용에 대한 탐구를 통해 새로운 매체와 문학의 결합을 시도하는 과목'이라고 설명한다. '웹소설'은 이 과목을 가장 잘 드러내는 하위 영역이라 생각했다.

신문이라는 매체가 들어오고 이광수는 우리나라 최초의 근대소설 《무정》을 연재했다. 시간이 흘러 집마다 컴퓨터를 설치하는 2000년대가 되자 어린 학생들이 작가가 되어 D사의 '카페'에 인터넷소설을 올리기 시작했다. 인터넷소설은 이전의 소설들과는 또 다른 문체를 만들어 내며 청소년들 사이에서 인기를 끌었다. 그 후 가정이 아닌 한 사람의 손에 스마트폰이 쥐어지는 2010년대가 되면서 포털 사이트들은 이 작은 컴퓨터에 맞춘 새로운 즐길거리를 생성했다. 한 화에 담는 내용을 줄이고 연재 주기를 짧게 하되, 스크롤하며 보기에 적합한 문장 길이를 지닌 웹소설은 그렇게 탄생했다. 매체의 발전과 함께 등장한 이 문학 갈래를 문학과 매체에서 가르칠 수 있는 당위는 충분했다. 하지만 내 안에서의 당위성은 해결되지 않았다. 학생들에게 가르칠 가치가 있는 갈래인가에 대한 의구심이 사라지지 않았다. 이는 현대 판타지 웹소설을 좋아하지 않는 이유와 맞닿아 있었다.

　　현재 창작되고 있는 작품들은 시대의 욕망을 거울처럼 비추고 있다는 점에서 확실히 흥미롭다. 다만 누군가가 그 욕망을 반영하는 방향이 과연 교육적인가라고 질문했다면 나는 단호하게 아니라고 답했을 것이다. 앞서 예시로 들었던 〈재벌집 막내아들〉 〈내 남편과 결혼해줘〉는 모두 회귀물 현대 판타지다. 회귀란 치트키 같은 것으로, 미래의 상황을 모두 앎으로써 내가 겪을 피해를 줄이거나 없애고 이득을 극대화하는 요소다. 그런데 두 작품은 치트키를 활용한 개인의 성공만을 담고 있다. 순양가家 막내아들 '진도준'으로 회귀한 흙수저 '윤현우'는 순양그룹의 회장이 되고, 남편의 손에 죽음을 맞이했던 '강지원'은 10년 전으로 회귀해 전남편과 바람났던 절친한 친구에게 복수하고 다른 이와 행복한 결혼 생활을 이어 간다. 조선시대에도 많은 소설이 당대의 욕망을 담았지만 《홍길동전》에는 '평등한 사회'라는 공익이, 《홍계월전》에는 '여성의 봉건적 역할을 거부하고 주체적 존재로 살고 싶다'는 소망이 녹아 있다는 점에서 다르다.

　　나는 시대적 욕망이 '돈'과 '안정'이라도 자신이 살아가는 사회와 공동체의 이익을 향해 학생들이 나아가길 바랐다. 현대 판타지가 지닌 판타지 요소를 사회 문제를 해결하는 능력과 연결한다면 어떨까? 웹소설을 구상하며 사회 문제에 관심을 가질 수 있다면 정규 수업에 수행평가로 웹소설을 가져오는 의의를 찾을 수 있지 않을까? 스스로에게 여러 질문을 던져 보니 내가 갖고 있는 의구심을 해결할 방법이 보였다.

두 부장님의 얼렁뚱땅 웹소설 입성기

근무하고 있는 고등학교는 담임을 맡고 있는 교사들이 대부분 9등급 과목을 전담으로 들어가고, 담임을 맡지 않은 교사들이 9등급 교과와 함께 진로선택 과목 및 전문 교과를 나눠 들어가는 분위기다. 그러나 문학과 매체라는 교과 이름에 매료되어 고1 담임임에도 불구하고 학년을 걸쳐 들어가겠다고 선언했다. 무엇보다 문학과 매체를 들어가는 동료 교사 중 한 분이 2학년 부장을 맡고 계신 '오애경' 선생님이라는 점이 한몫했다. 2년 전, 처음으로 3학년 담임을 맡고 교과 짝꿍 선생님으로 함께했던 기억이 있어서 선생님이라면 어떤 활동을 제안하더라도 같이 해 주실 거라는 믿음이 있었기 때문이다.

그렇게 황금돼지띠, 34명 이상으로 총 5반이 나온 문학과 매체 교과는 50대 초반의 오애경 선생님과 정년을 2년 앞두신 고경원 부장님, 그리고 30대 초반, 매체가 주는 도파민에 젖어 있는 내가 맡게 되었다. 수행평가 100퍼센트인 교과이기에 평가계획서를 작성하기에 앞서 각자 생각하고 있는 수행평가를 정리해서 가져오기로 했다.

대망의 평가계획 협의 날이 되었다. 9등급 교과 협의를 마치고 고 부장님이 계시는 진로진학부에 모여 회의를 시작했다. 해당 과목을 수업해 보셨던 고 부장님은 작년 평가계획서를 보여 주시며 말씀하셨다.

"작년에 했던 활동지도 다 있으니, 비슷하게 계획하자. 내가 활동지 줄게."

"부장님, 저는 이번에 '웹소설로 사회 문제 해결하기 프로젝트'를 수행평가로 하고 싶어요."

"윤형 선생님, 웹소설이 뭐야?"

"아! 부장님, 그 '귀여니 소설' 같은 거요. 이거 말하는 거지?"

그래도 웹소설이라는 장르는 알고 계실 줄 알았는데 나의 오만이었다. 고 부장님은 웹소설 자체를 모르셨으며, 오 부장님은 인터넷소설과 웹소설을 구별하지 못하고 계셨다. 스마트폰을 켜 네이버 시리즈 앱으로 몇몇 웹소설을 보여 드렸다. 당시 드라마로 방영되고 있던 〈재벌집 막내아들〉을 들어 인터넷에서 연재되는 소설이고, 매체가 발전하며 독자적인 작법을 갖고 발달한 문학 갈래 중 하나라고 설명했다. 웹소설로 매체 발달에 따른 소설 연재 방식의 다양화를 가르치고, 소설을 쓰는 문법이 어떻게 달라지는지 명확하게 알려 줄 수 있을 거라고 이야기하며 두 부장님을 설득했다.

"맞아, 지금 3학년 중에 어떤 남학생이 소설을 창작하고 있다고 했는데, 이런 거였던 거 같아. 학생들은 좋아할 듯하네요."

"그런데 우리가 웹소설을 잘 모르니까… 수업할 때 어려움이 많을 것 같아서 걱정되네…. 선생님이 많이 도와줘야 해."

"그럼요! 수업 PPT도, 활동지도 제가 다 만들게요! 그리고 단순한 웹소설 창작이 아니라, 웹소설이 담고 있는 21세기 우리 사회의 욕망을 공익으로 돌려 보는 방향으로 창작하려고 해요. 학생들이 사회 문제에 관심을 가지는 데 도움을 줄 수 있다고 생각해요!"

"좋아요. 그러면 선생님이 중심 잡고, 그 수행평가를 진행해 봐요."

평가계획 협의는 세 시간 반 만에 끝났다. 부장님들의 눈에 걱정이 한가득했지만, 새로운 형식의 수행평가에 도전한다는 자부심 역시 담겨 있었다.

이후 본격적인 수업 준비를 위해 매주 금요일 4교시에 모여서 매 차시 수업을 실제로 진행하듯 설명해 드렸다. 선생님들은 필기하며 중간중간 질문하셨다.

"그래서 엘프가 왜 작으면 안 돼?" "고블린, 슬라임은 뭐 하는 애들이야?" "기사면 기사지, 마기사, 용기사, 흑기사는 뭐야? 이게 달라지면 뭐가 달라지는 거야?"

학교에서는 두 부장님을 모시고 도대체 무슨 수행평가를 진행하는 거냐며 염려했지만, 그래도 두 분은 한 번의 분노 없이 함께해 주셨다. 특히 오애경 부장님께서는 스터디 후에도 개별적으로 책[1]을 빌려 공부하셨다. 웹소설을 보고 태어나 처음으로 '이런 소설'을 읽는다며 한숨 비슷한 웃음을 지으셨던 두 부장님들께 (큰절을 올렸다가 맞지만) '그

랜절'을 올렸다.

사회 문제에 관심은 있지만…
저는 한낱 개인인걸요?

첫 수업에서는 항상 한 학기 동안 진행할 수행평가를 안내하는 시간을 갖는다. '책 광고 제작' '시 영상 제작' 수행평가를 얌전히 듣던 아이들이 '웹소설로 사회 구하기' 수행평가의 이름을 듣자마자 이곳저곳에서 킥킥 웃기 시작했다. 몇몇 학생은 싫다는 듯이 인상을 쓰기도 했다.

"수철아, 왜 인상 쓰고 있어?"

"저는 웹소설 한 번도 안 읽어 봤어요. 그런 소설들… 오타쿠들이나 보는 거 아니에요?"

내가 오타쿠라서 더 큰 상처를 받은 발언이었지만, 웹소설을 활용한 수행평가가 학생들에게 환대받을 거라고 예상했기에 당혹스러움도 컸다. 이 수행평가를 계속 진행해도 되는 걸까? 다음 날, 바로 학생들에게 웹소설과 사회 문제 해결 경험을 묻는 설문조사를 진행했다.

먼저 웹소설을 접해 본 적이 있는지, 만약 웹소설을 접해 봤다면 어떤 점이 흥미로웠는지, 웹소설을 접해 보지 않았다면 어떤 이유에서 그랬는지 물었다. 웹소설을 접해 본 약 24퍼센트의 답변이 인상적이었다. "일반 소설보다 빠른 전개" "현실에서 이뤄질 수 없는 내용들을 통해 독자들이 대리만족 할 수 있다" "세계관이 허술하더라도 매력적인 캐릭터가 있다면 '사이다'로 전개할 수 있다" "욕망을 좇는 사람들의 본성이 두드러지게 그린다". 학생들은 웹소설의 장르적 특성을 명확히 이해하고 있었다. 웹소설을 본 적 없는 나머지 76퍼센트의 답변도 흥미로웠다. "아직 읽지 못한 유명 명작 고전들이 있어서 굳이 웹소설을 읽을 필요성을 느끼지 못한다" "순문학과 달리 독자의 내면을 성장시킬 요소가 부족하다. 1차원적 욕망에 집중한 내용이 아쉽다" "마니악해서 장벽이 높다". 학생들이 문학을 단편적으로 읽고 있다고 생각했는데, 생각보다 작품이 창작되는 문법과 다루는 주제 등에 예민하게 반응하고 있음을 알 수 있었다.

또한 웹소설을 읽는 친구들은 순문학을 배척하는 경향을 보이지 않았으나, 순문학만을 읽는 친구들은 웹소설을 하위 장르로 인식하고 꺼렸다. 실제로 수업 중에 관찰해 보니 영상과 조형 매체에 익숙한 학생들, 즉 읽기에 익숙지 않은 학생들은 오히려 웹소설에 대한 거부 반응이 덜했다. 웹소설을 어색해하는 경향은 상대적으로 남학생이 많은 학급에서 더 컸다.

한편 수업을 듣는 학생들의 약 67퍼센트는 사회 문제를 해결하기 위해 노력해 본 경험이 없다고 답했다. 현 사회를 긍정해서가 아니었다. 지금 우리 사회가 바뀌어야 한다는 생각은 있었다. 그렇다면 왜 행동하지 않는 것일까? 학생들은 자신이 아직 어리고, 개인이기 때문이라고 고백했다. "학생 신분이라서 어떤 역할을 제대로 해 본 적이 없다" "실질적으로 내가 해결할 수 있는 문제는 없다" "나이로 인한 제한이 많을 거 같다. 주체적으로 해결할 수 있는 날이 오기를 기다리고 있다". 예상과 달라 놀랐다. 지금까지 봐 온 학생들은 사회 문제에 무덤덤한 반응을 보였기에 사회와 자신을 분리했다고 여겼는데, 사실은 문제를 인지하고 있고 동시에 바꾸고 싶은 욕심도 있지만 연령적, 신분적 한계에 자신의 가능성을 덮어놓은 것이었다. 학생들에게 '사회에 어떠한 문제가 있으니 관심을 가지고 행동해야 한다'고 가르치지만 정작 방법을 가르쳐 준 적이 있었던가? 웹소설이 하나의 방법으로 다가갈 수 있는 기회가 되면 좋겠다고 조심스럽게 생각하며 이를 구체화할 방안을 탐색했다.

판타지가 여는 새로운 길
[1차시] 지속가능발전목표와 웹소설 연결하기

"너희가 생각하는 가장 심각한 사회 문제가 뭐야?"

"이상 고온 현상이요."

"난민 문제요."

요즘 뉴스에서 자주 나오는 국제적 문제다. 그러나 여기까지가 끝. 학생들에게 관심 있는 사회 문제를 물어보면 몇 가지로 추려지기 쉽다. 이럴 때 활용하기 좋은 내용이 바로 유엔UN에서 채택한 지속가능발전목표(Sustainable Development Goals, SDGs)다.

수업 자료로 안내한 지속가능발전목표

유엔은 전 세계의 평화와 번영을 보장하기 위해 17개의 목표를 채택하고 2030년까지 함께 노력할 것을 강조하고 있다. '1. 빈곤 퇴치, 2. 기아 종식, 3. 건강과 웰빙, 4. 양질의 교육, 5. 성평등, 6. 깨끗한 물과 위생, 7. 적정 가격의 깨끗한 에너지, 8. 양질의 일자리와 경제 성장, 9. 산업·혁신·사회기반 시설, 10. 불평등 감소, 11. 지속 가능한 도시와 지역 사회, 12. 책임 있는 소비와 생산, 13. 기후 행동, 14. 수생태계 보전, 15. 육상생태계 보전, 16. 평화·정의·강력한 제도, 17. 목표 달성을 위한 파트너십'이다.

학생들에게 위 목표들과 169개의 세부 목표를 안내하고 이 중 가장 해결하고 싶은 사회 문제가 무엇인지 생각해 보라고 이야기했다. 그리고 학생들이 창작해야 할 웹소설 시놉시스를 간략히 소개했다.

고등학생인 '나',
게이트를 통과해 **이세계**異世界에 떨어지다!

현재 이세계는 **어떤 문제**로 골치를 앓고 있다.
주인공 '나'의 능력을 활용해
조력자와 관계를 맺으며 **이세계의 문제를 해결**해야 한다!

우리가 창작할 판타지 웹소설은 '영지 성장물' 장르입니다.

여러분은 어떻게 이세계의 문제를 해결하고

해당 부족, 혹은 마을, 도시를 성장시켜 나갈까요?

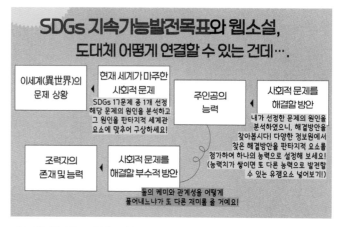

지속가능발전목표와 웹소설을 연결하는 법

웹소설이 낯선 학생들이 대부분이라 장르를 자유로 풀어놓기보다는 지정된 시놉시스를 줘야 혼란을 덜어 줄 수 있다고 판단했다. 큰 스토리 구조와 웹소설에 들어가야 할 요소들을 명확하게 제공하자 아이들이 고개를 끄덕이며 이 활동에 처음으로 긍정적인 반응을 보였다.

"첫 번째, 이세계의 문제 상황은 우리가 현재 마주하고 있는 사회적 문제에 대응시킬 수 있어요. 앞서 본 17개의 지속가능발전목표 중 관심 가는 문제를 선정하고 원인을 분석합시다. 그리고 문제의 원인을 판타지 세계관에 맞춰 형상화하세요! 한 문제를 다뤄도 되고, 연계되는 여러 문제를 다뤄도 괜찮습니다.

그다음엔 문제를 해결해야겠죠? 두 번째로는 내가 선정한 사회 문제의 원인을 해결할 수 있는 방안을 살펴봅시다. 다양한 정보원에서 신뢰할 수 있는 방법을 찾아봐요. 그 방법들에 판타지 요소를 첨가하면 주인공의 능력을 설정할 수 있습니다. 주인공이 주어진 퀘스트를 해결하며 능력치를 쌓고, 일정 수준 이상 쌓으면 다른 능력을 얻는 재미 요소도 넣어 봐요! 롤플레잉(RPG) 게임을 해 본 친구들은 알기 쉬울 거예요.

또 부차적인 해결 방안이 있을 수 있어요. 그건 '조력자'를 등장시켜 적용해 보세요. 주인공과 어떤 관계를 맺을지, 그 관계를 어떻게 풀어 나갈지 설계해 보는 것도 재미 요소가 될 거예요. 주인공의 약점을 보완해 줄 수도 있고, 조력자 혼자서는 의미가 없는 능력이 주인공을 만나 의미 있는 능력으로 발현될 수도 있죠."

의외의 퀘스트들

[2~3차시] 〈나 혼자 탑에서 농사〉 읽기

학생들은 대략적인 감을 잡았지만 그래도 이해가 되지 않는 세밀한 부분에 대해 적극적으로 질문해 왔다.

"선생님, 그런데 '영지 성장물'이 어떤 건지 좀 명확하게 설명해 주세요."

"능력치가 쌓이면 다른 능력으로 발전한다는 말이 무슨 말이에요?"

이렇게 질문할 줄 알고 또 다른 게임들로 설명할 준비를 해 갔기 때문에 두렵지 않았다. 아니, 두렵지 않았었다.

"영지 성장물이란, 내가 어떤 땅에 떨어졌는데 그 땅에 문제가 있는 거야. 뭐, 예를 들면 몬스터가 득실거려서 마을이 황폐화되어 간다든지, 물난리 때문에 사람들이 더 이상 살아갈 수 없다든지? 주인공이 갖고 있는 능력으로 이런 문제를 해결하고 사람들에게 터전을 마련해 주면서 그 땅이 더 발전할 수 있도록 돕는 장르야. 그리고 능력치가 쌓이면 다른 능력으로 발현되는 건, 다들 어렸을 때 '메이플스토리' 해 봤지? 거기서도 몬스터를 해치우고 일정 능력치가 되면 직업을 가질 수 있잖아. 더 쌓이면 2차 전직도 할 수 있고…"

신이 나서 '이 정도의 친절한 설명이라면 이해할 수 있겠지?' 하고 기세등등하게 답변했으나 학생들은 여전히 고개를 갸웃거렸다.

"메이플스토리 안 했는데요."

"그러면 핸드폰 게임 중에 '꿈의 정원'은? 아니면 어렸을 때 '롤러코스터 타이쿤' 같은 게임 안 했어? 둘 다 영지 성장물 성격을 띠고 있는 대표적인 게임인데!"

"안 해 봤어요."

"너희들은 게임도 안 하고, 웹소설도 안 읽고 뭐 했어!"

"'롤(리그 오브 레전드)'만 했어요."

"나는 '배틀 그라운드'."

수업 시간에 게임도 안 하고, 웹소설도 안 읽고 뭘 하며 자랐냐고 짜증을 낼 상황이 만들어지다니. 학생들에게 퀘스트를 설명하기 좋은 다른 게임을 안내하는 게 좋겠다고 생각하며 설명을 마쳤다.

다음 시간부터는 현대 판타지 웹소설의 무료분을 읽은 후 독서일지를 작성할 것이라고 예고했다. 제목은 〈나혼자 탑에서 농사〉. 네이버 시리즈에서 연재 중인 이 작품은 어느 날 도시에 '탑'이 나타나는 것으로 시작한다. 사람들이 '던전'이라고 부르는 이곳엔 몬스터와 함께 보물이 가득하다. 우연히 던전에 초대받은 평범한 청년 '박세준'은 보물을 찾아 부자가 되는 꿈을 꾸지만, 씨앗 몇 개만 지닌 채 탑 속에 있는 미지의 공간에 조난당한다. 그는 농사를 짓고 자원을 모아 생존해야 하는 상황에 처한다. 주인공이 농사 능력으로 탑에서 발생하는 '퀘스트'를 해결하며 극한의 상황을 헤쳐 나가는 영지 성장물 장르에 해당하는 소설이다.

〈나 혼자 탑에서 농사〉를 읽는 2주 동안 동명의 웹툰을 보려는 학생들과 많은 실랑이를 해야 했다. 그래도 문자 매체 속의 문학을 다루는 것이 제1의 목표였고 조형 매체에서 다뤄지는 문학과 분명한 차이가 있기 때문에 수업 중 웹툰으로 내용을 익히는 것은 철저히 금했다. 무료분 이후의 내용이 궁금해서 수업 외의 시간에 웹툰을 보거나, 내용을 이해하지 못해 웹툰을 활용하는 것은 관여하지 않았다.

웹소설 독자인 학생들 중 몇몇은 자신의 취향이 아닌 작품을 읽는 것이 다소 괴롭다고 표현했다. 오히려 취향이 없거나, 순문학을 좋아하는 학생들은 거부감이 덜했다. 동료 선생님들의 수업에서도 웹소설을 좋아하는 아이들이 자기 취향에 맞는 것을 읽고 싶다는 주장을 했다고 한다. 이에 영지 성장물이거나 앞으로 작성할 시놉시스에 도움이 되는 소설을 읽으라고 했더니 알아서들 찾아 읽었다.

그뿐만 아니라 〈나 혼자 탑에서 농사〉에 재미를 붙이지 못한 다른 친구들에게 취향을 물어보고 적절한 웹소설을 추천해 줬다. 교사가 주도적으로 한 권을 선정하지 않고 웹소설을 즐겨 읽는 학생들에게 수업의 목표에 적합한 작품들을 소개받아 추천 목록을 제시하는 것도 좋은 방안이 될 수 있을 듯하다.

어떤 동기와 능력으로 해결할까?
[4차시] 주인공의 특징

웹소설 시장이 커지고 10여 년의 시간이 흐르며 웹소설계에도 '문법'이 만들어지기 시작했다. 학생들이 웹소설을 배우려면 이 새로운 문학 장르의 문법을 어느 정도 학습하는 단계가 필요했다. 본격적으로 웹소설을 쓰는 건 아니지만 시놉시스를 창작해야 하는데, 웹소설이 낯선 아이들이 많아 다양한 예시를 들어 설명하기로 했다.

문법의 핵심은 주인공과 세계관이었으며, 주인공을 가르칠 때 가장 강조했던 점은 주인공의 '동기'다. 주인공이 이루고자 하는 바가 무엇인지 선명해야 이야기의 중심이 흔들리지 않는다. '최고의 재벌이 되겠다'는 강력한 동기를 가진 〈재벌집 막내아들〉 주인공을 소개하고 학생들에게 너희의 가장 큰 동기는 무엇이 되어야 할 것 같냐고 묻자, 쉽게 이해하고 "망한 세계를 구하는 거요!"라고 답했다.

판타지의 경우 주인공의 '직업'도 중요하게 작용하는데, 정석 판타지에서는 크게 '기사' '마법사' '전사' '힐러'로 나뉜다. 직업에 따라 주인공에게 주어지는 과제와 스테이지가 달라지므로 자신이 구상하는 내용에 알맞은 역할을 잡아 줘야 한다고 이야기했다. 〈나 혼자 탑에서 농사〉(이하 〈탑농사〉)의 주인공 세준은 '탑농부'라는 직업을 갖고 있어서 '신품종 만들기'와 같은 과제를 받는다. 검은 탑의 관리자 '에일린 프리타니'가 세준의 조력자로 자리매김하게 되는 계기 또한 세준이 기른 농작물을 먹고 어린 시절부터 앓아 왔던 고질병을 완치하는 사건과 관련되어 있다. 만약 세준이 '헌터'였다면 탑의 몬스터를 처치하는 과제가 놓여 있었을 것이며, 조력자와 상극인 능력을 지닌 몬스터를 마주했을 것이다.

주인공은 전형적이면서도 고유성을 갖춰야 한다는 점을 보여 주기 위해 이전의 경험을 토대로 학생들이 쉽게 이해할 수 있는 대중적인 예시를 가져왔다.

"영화 〈범죄도시〉 시리즈 다들 알죠? 이 시리즈에서

'마석도'라는 형사 캐릭터가 갖고 있는 전형성은 범죄자를 잡아넣는다는 것이죠. 형사로서 갖춰야 할 정의심도 있고, 또 공익을 해치는 존재들에 대한 분노도 있고! 그렇지만 이 캐릭터만의 고유성이 있어요. 말도 안 되는 피지컬에서 오는 '힘'이죠. 분명 〈범죄도시〉 시리즈에는 반복되는 커다란 구조가 있어요. 나쁜 놈들이 도시에 등장하고, 마석도 형사가 그들을 아주 곤죽이 되도록 혼내 줘요. 그런데 우리가 카타르시스를 느끼는 지점은 바로, 나쁜 놈들이 어떤 무기를 들고 와도 마석도가 그놈들을 맨손으로 처단한다는 거예요. 범죄자를 때려잡는 형사 이야기는 선생님 어린 시절부터 있었어요. 그런데도 〈범죄도시〉 시리즈는 또 다른 재미로 다가와요. 캐릭터가 갖고 있는 고유성 덕분이에요.

같은 형사 이야기지만 〈극한직업〉 속 형사와 마석도 형사가 비슷하다고 생각하진 않죠? 〈극한직업〉은 어디서나 볼 수 있는 직장인으로서의 형사를 그리고 있어요. 관객은 상사에게 혼나고, 실적을 못 올려 승진에서 밀리는 마약반 형사들에게 공감하며 울고 웃어요. 그렇지만 이 영화도 반전이 있었죠. 평범해 보이는 이들이 알고 보니 해군특수부대 출신, 격투기 챔피언 등 엄청난 능력자였다는 사실이요! 그렇기 때문에 마지막에 마약 중독자들을 단 5명이서 소탕하는 장면이 타당성을 얻을 수 있었어요. 그러니까 같은 사회 문제를 맡았다고 걱정할 필요 없어요! 그 문제를 어떻게 구현하고, 해결 방안을 주인공의 어떤 능력으로 풀어 갈 것인가는 작가에 따라 달라질 수 있습니다!"

아울러 웹소설은 주인공의 성장을 위해 갈등과 사건을 굳이 넣지 않아도 된다고 설명했다. 일반적인 소설 주인공의 욕구가 자아실현의 욕구로 나아가는 것과 달리 웹소설 주인공의 욕구는 한 단계에 머물러 있을 수도 있고, 나아갈 수도 있고, 처음부터 자아실현의 욕구를 충족한 채 진행될 수도 있다. 이러한 웹소설 문법은 줄거리를 간단히 구성할 수 있도록 한다는 점에서 시놉시스를 작성해야 하는 학생들의 부담을 줄여 줬다.

캐릭터에 관한 이론 수업이 끝나고 〈탑농사〉의 주인공 박세준을 분석하는 시간을 가졌다. 캐릭터의 전형성과 고유성을 파악하고, 창작하려는 소설의 주인공을 설정할 때 어떤 요소가 들어가야 하는지 보여 주기 위해서였다. 작품을 읽으면서 알 수 있었던 외적 이미지와 내적 이미지를 상상하며 해 보라고 안내하자 학생들은 단편적으로 쪼개져 있는 주인공의 특징을 수집했다.

캐릭터 이미지
갈발(갈색 머리), 부드러운 인상, 흰 티에 청바지, 20대 초중

반 남성, 자급자족 끝판왕.

캐릭터 성격

결단력이 있다, 계획적, 낙천적, 착하다, 부지런하다.

히스토리

- 탑 입장 티켓을 사기 위해 돈을 모으던 중이었다.
- 베니싱[2]으로 인해 탑 안으로 떨어졌다.
- 살기 위해 탑 안에서 농사를 시작했다.
- 고양이 '테오'와 계약했다.
- 토끼들과 농작물, 물고기를 나눠 먹으며 함께 살고 있다.

캐릭터 능력(클래스)

탑농부(F), 테오와 동업, 씨 뿌리기, 수확하기, E등급(재배 가능한 농작물 등급), 단검, 무난한 범재.

캐릭터 특징(특이점, 고유성)

- 적응이 유난히 빠르고 상황에 순응적이다.
- 시스템 오류로 탑에 들어와 살다가, 블루문의 기운이 담긴 열매를 수확하는 업적을 달성한 후 직업과 등급을 부여받았다.

"선생님! 역시 갈발캐는 힐링이에요."

"그렇지만 로판 주인공은 역시…"

"흑발이죠! 사연 있어 보이는 사람은 힐링물에 못 나와요~"

아이들은 초반 능력이 뛰어나지 않지만 착하고 성실한 주인공의 이미지를 통해 캐릭터의 외양과 성격이 상관관계를 맺는다는 것을 금방 이해했다. 그리고 연극에서 말하는 '전사前史(히스토리)'가 웹소설에서도 필요함을 알게 되었다. 이야기의 도입부가 짧은 만큼 '왜 이 인물이 탑으로 들어가고 싶어 했을까?' '왜 이 세계는 탑이 아니고서는 사회적 계층을 바꿀 수 없는 걸까?'를 생각해 볼 수 있었다. 다만 무료분만으로는 캐릭터의 히스토리와 고유성을 자세히 분석하지 못하는 아쉬움이 있었다.

어떤 세상에서 해결할 수 있을까?

[5차시] 세계관 형성 요소

우리나라 소설은 배경에 현실 사회를 그대로 반영하는 경우가 많지만 판타지 소설은 독자적인 규칙을 가진 또 다른 사회를 만들어 낸다. 판타지 소설의 세계관은 자유분방해 보여도 사실 엄격한 규칙이 있고, 그 규칙들이 타당해야만 독자에게 작품성을 인정받을 수 있다.

판타지 세계관을 구성하는 요소 중 '고유 설정'은 대부분 캐릭터의 능력에 따라 정해질 가능성이 높다. 그래서 '환경'과 '스테이지'의 개념을 가르치는 것이 중요한데, 학생들은 이 두 개념을 구분하기 어려워한다. 이때 널리 알려진 《해리 포터》 시리즈의 세계관을 예시로 활용하면 수월하게 접근할 수 있다.

《해리 포터》 시리즈의 '환경'은 다음과 같다. 우선 세상은 마법사의 세계와 마법사가 아닌 '머글'의 세계로 나뉘어 있다. 마법사들은 마법사 세계에 살고 있지만, 머글 세계에 살기도 한다. 마법사 혈통끼리 결혼하며 만들어진 순수 혈통과 마법사와 머글 사이의 혼혈 혈통, 양쪽 부모가 모두 머글이지만 마법사로 태어나는 머글 혈통과 마법사 부부 사이에서 태어났지만 마법을 쓸 수 없는 스큅이 존재한다.

이런 환경 속에서 주요 무대가 되는 '스테이지'는 호그와트 학교다. 호그와트는 영국 유일의 마법 학교로, 그리핀도르·후플푸프·래번클로·슬리데린이라는 네 명의 위대한 마법사가 설립했다. 그들의 교육 방침에 따라 네 종류의 기숙사가 지어졌으며, 기숙사별로 상·벌점 제도가 있다. 마법 교육 외에도 다양한 스포츠 활동이 있고 학생들의 출입이 허락되지 않는 '금지된 숲'이 있다는 설정 등도 존재한다.

주인공 '해리 포터'가 '혼혈' 혈통의 마법사로서 '호그와트'에 입학하며 겪는 여러 일들이 펼쳐지고 있기 때문에 소설에 설정된 마법사/머글 세계는 환경이 되고, 그중에서도 주요 무대인 호그와트 마법 학교는 스테이지가 된다.

이 설명을 바탕으로 〈탑농사〉 속 세계관을 분석하게 했다. '환경'은 탑이 존재하는 그 사회의 특징에, '스테이지'는 주로 주인공이 존재하는 공간, 즉 탑의 특징에 있다고 하면 학생들이 이해하기 쉽다. 아이들은 아래와 같이 세계관을 파악하며 자신이 찾아본 사회 문제를 어떻게 스테이지로 만들 것인지, 그 스테이지를 구성하기 위해서는 어떤 환경이 필요할지 구상했다.

환경 정보

- 21세기 대한민국.
- 10년 전 강남 한복판에 탑이 생겼다.
- 세계 각지에 있는 100여 개의 탑들은 서로 연결되어 있다.

- 탑이 생긴 이유, 목적은 아무도 모른다.

스테이지 정보

- 탑에 들어가면 각성하며 직업을 갖게 된다.
- 탑의 2층부터는 몬스터가 있으며, 올라갈수록 몬스터가 강해진다.
- 한 층을 클리어할 때마다 보상을 받을 수 있고 층이 높아질수록 보상은 더 좋아진다.
- 모든 층마다 해가 떠 있지만 주기적으로 해가 푸르게 변하는 블루문 현상이 발생한다.

고유 설정

- 농작물이 탑 밖보다 훨씬 빠르게 자란다.
- 탑에서 기른 농작물을 바깥에서 거래하기도 한다.
- 각성자는 탑을 드나들 때 티켓이 필요 없지만, 일반인들은 티켓을 소지해야 한다.
- 검은 구멍을 통해 탑 안으로 들어갈 수도 있다. (확률은 매우 미미하다.)

웹소설을 읽어 보지 않은 학생들이 많다면 세계관 분석에서 '고유 설정'은 삭제해도 좋다. 다른 '탑'물과 비교해 봤을 때의 차이점을 적어야 하는데, 학생들이 다른 '탑'물을 접한 적이 없어 어려움을 호소했다. 실제로 대다수의 웹소설이 독자가 세계관을 빠르게 이해할 수 있도록 작품 고유의 특성을 생성하기보다 클리셰적인 요소를 활용하므로 학생들의 성향과 정보량에 따라 분석 요소를 조절하는 것을 추천한다.

소시민에서 행동하는 실천가로

[6~7차시] 사회 문제의 원인 찾기

이제 다소 복잡했던 이론 수업은 모두 끝이 났다. 학생들에게 지속가능발전목표의 세부 목표 가운데 하나를 선정해서 관련 자료를 보고 구체적인 사례를 찾으라고 안내했다. 특히 강조한 건 우리가 궁극적으로 쓸 글은 설득하는 글, 주장하는 글이 아니라 '판타지 웹소설 시놉시스'라는 점이었다. 평소 관심을 갖고 있던 사회 분야일 뿐 아니라, '판타지 요소로 구현할 수 있는가'를 생각하며 사회 문제에 접근하라고 이야기했다.

　　욱이는 호기롭게 '저출생 극복'이라는 세부 목표를 선

택하고 꿋꿋하게 밀고 나갔다. 그러나 결과적으로 실패했다. 열심히 문제의 원인과 해결 방안을 찾아 정리했지만 이를 판타지 요소로 바꾸지 못했다. 주인공 설정 단계에서 슬그머니 손을 들고 다음 차시 전까지 새로운 사회 문제를 선정해서 정보를 수집해 와도 되는지 물었다. 해결 방안에 정책적 측면이 많이 반영되는 사회 문제는 판타지 요소로 치환하기 힘들었던 것이다.

해당 활동에서 교사는 꾸준히 순회하며 학생들이 어떤 사회 문제를 해결하고자 하는지, 그것을 어떻게 구현하고자 하는지 물어봐야 한다. 그래야만 학생들이 창작 과정에서 겪는 어려움을 줄여 줄 수 있다. 사회 문제의 원인과 해결 방안을 찾을 때는 단순히 논문 사이트에서 키워드를 검색하기보다 뉴스에 실린 실제 사건을 살펴보게 해야 한다. 사회 문제를 숫자의 논리로 보지 않고 현재 우리 사회 구성원이 경험하고 있는 일로 여기게 할 수 있기 때문이다.

사회 문제를 검색하는 아이들의 미간은 펴질 일이 없었다. 그중 신문 기사를 읽으며 어이없다는 듯 한숨을 쉬는 윤희가 눈에 띄었다.

"왜 그렇게 화가 났어?"

"선생님, 아니 근무장에는 에어컨이 없고 에어컨이 있는 휴게실로 가는 데는 15분이 걸리는데 쉬는 시간이 30

분이래요. 이건 쉬지 말라는 거잖아요!"

화를 내던 윤희는 세부 목표로 '좋은 일자리 창출을 위한 정책을 강화한다'를 선택했다. 그리고 우리나라 산업안전보건법의 사각지대를 찾아냈다. 사업주의 의무에 근로자를 위한 '쾌적한 작업 환경의 조성 및 근로 조건 개선'이 명시되어 있으나, 구체적인 규정과 처벌 조항은 없어 온열질환 예방 가이드를 배포하며 권장만 하고 있다는 것이 문제라는 걸 지적했다. 다른 나라는 고온 환경에서 노동하는 사람들을 보호하기 위해 어떤 조치를 마련했는지 탐색하기 시작했다.

진지하게 문제를 마주하고 해결 방안을 모색하는 한 명 한 명의 모습은 소시민으로서의 개인이 아닌 행동하기 위해 노력하는 실천가였다. 자신이 고민하는 문제를 또 다른 세계로 구현해야 한다는 과제가 부여되어 있기에 문제의 원인을 다각도로 바라봤고, 해결 방안이 있음에도 고쳐지지 않는 이유가 무엇인지 혹은 본질적인 원인이 무엇인지를 생각했다.

'사회 문제를 탐구하고 문제를 해결할 방안을 주장하는 글을 써 보라'는 과제를 줬다면 학생들은 이전에 해 왔듯이 '빈곤' '불평등' '교육' 등의 큰 키워드를 검색해서 나온 자료들을 활용해 글을 썼을 것이다. 정말 그 문제를 해결하고자 하는 의지를 담기보다는 그 수행평가 주제를 제공한 선생님의 의도에 맞춘 의지를 담았을 것이다. 사회 문제의 해결 방안을 논의하고 있지만 누구보다 무심한 시선으로 쓴 글이 등장했을지도 모른다. 따뜻하지도 차갑지도 않은, 그런 온도의 글을 너무나도 많이 접해 왔기에 학생들의 분노가 놀랍기도 하고 고맙기도 했다.

놀러 와요, 나의 이세계
[8~9차시] 판타지 요소로 사회 문제 해결하기

앞서 찾은 정보를 활용해 세계관과 주인공 및 조력자를 설정하도록 했다. 수행평가지에는 채점 요소를 적어 학생들이 판타지 요소에만 치우치지 않게 했다.

채점 요소

1. 해결하고 싶은 사회 문제의 원인을 판타지적으로 적절하게 형상화했는가?

2. 사회 문제의 해결 방안을 인물들의 능력 요소로 적절하게 형상화했는가?

웹소설을 평소에 즐겨 보는 학생들이 아니라면 세계관을 만들 때 '환경'과 '스테이지'를 구성하기란 쉽지 않다. 이때 '나무위키' 활용을 허용한다. 수업의 목표는 사회 문제의 원인을 웹소설 틀에 맞춰 판타지 요소로 형상화하는 것이지, 자신만의 창의적인 새로운 세계관을 만드는 것이 아니다. 따라서 기존에 존재하는 세계관 중 변용할 수 있는 소재를 줘야 한다. 웹소설은 이제 막 연구가 시작된 장르이기 때문에 논문을 찾아보는 것도 어렵거니와, 학생들이 원하는 내용이 없는 경우가 많다. 방대하면서도 구체적인 사례들을 찾기에는 나무위키가 제격이다. 약은 약사에게, 진료는 의사에게, 그리고 웹소설은 오타쿠들에게 맡겨야 맞다.

현지는 사회 문제의 원인을 세계관에 잘 녹여 낸 학생이다. '정신건강을 증진하고 약물 오남용을 예방한다'를 세부 목표로 선택하고 약물 중독에 빠지는 이유와 중독으로 인한 변화를 조사했다. 약물에 의존하게 되면 신체적 고통보다 정신적 고통이 더 크다는 점에 착안해, 환자들이 실제로 겪는 왜곡된 시야를 스테이지 설정에 반영하고 더 강한 약에 서서히 중독되어 가는 과정을 스테이지 단계별로 활용했다. 자신이 창작한 소설로 약물 중독이 얼마나 위험하고 무서운지 간접 경험할 수 있도록 구성한 것이다.

〈도파민 지옥에서 살아남기〉

· 로그라인: '도파민 헌터'라 불리는 주인공이 도파민 지옥에 빠진 사람들을 구출한다.

· 환경 정보: '도파민 지옥'이라는 공간에서 자라는 모든 식물은 중독 성분을 가지고 있다. 이러한 환경으로 인해 약물로 감각을 잃은 사람들이 모여드는 공간이 되어 버렸다. 여러 몬스터와 식물이 분포해 있어 위험한 곳이다.

· 스테이지 정보: 첫 번째 관문, 진통제의 안개. 진통제를 과도하게 복용해 감각이 흐려지고 고통을 잊은 사람들이 존재한다. 두 번째 관문, 각성제의 소용돌이. 각성제 중독으로 지나치게 각성된 사람들이 있는 곳이다. 과한 에너지와 환각이 일상이다. 세 번째 관문, 합성 약물의 함정. 합성 약물을 복용해 예측 불가능한 부작용과 환각에 시달리는 사람들이 있다. 약물로 인한 치명적인 부작용이 극심한 공간이다.

· 고유 설정: 각 스테이지는 특정 약물 중독의 증상을 반영하고 있다. 약물을 복용한 중독자들의 영혼은 사슬에 묶여 있다. 사슬은 중독의 강도를 상징한다. 스테이지가 올라갈수록 사슬의 강도가 강해진다. 중독자들은 과도한 도파민 분비 때문에 지속적인 환상을 경험하며 자신

의 건강을 해친다. 도파민 지옥에서 벗어나기 위해서는 '의지의 시험'을 받아야 한다. 도파민 헌터들이 지닌 '구원의 빛'에 따라 구원할 수 있는 정도가 다르다.

수업을 준비하며 전통 판타지에 가까운 시놉시스가 주를 이룰 거라고 예상했다. 괴물들이 나오고, 어떤 능력을 지닌 주인공이 이들을 없애 이세계를 구하는 구조. 가르치고 안내한 예시들이 그랬다. 그러나 언제나 학생들은 나의 상상을 뛰어넘었다.

세진이는 현실적이고 정책적인 문제를 현대 판타지로 끌어와 '빙의'로 재미나게 풀었다. 욱이가 부딪혔던 한계는 전통 판타지를 벗어나면 생각보다 쉽게 해결될 수 있는 문제였다.

〈연금 보험료에 허덕이던 내가 대통령이 되어버렸다〉

- 로그라인: 기왕 대통령 몸에 들어온 김에 꽉 막힌 국회의원들의 반대를 뚫고 멋진 연금 개혁을 이뤄 보자!
- 주인공: 대한민국에 살고 있는 평범한 29세 청년 직장인. 주말 오후 국민연금 개혁안에 관한 뉴스를 시청하다가 깜빡 잠이 들었더니 대통령에 빙의되어 있었다. 빙의하며 얻게 된 '문서 스캔 능력'을 활용해 국회의원

들의 허점을 정치적으로 반박하며 연금 개혁에 힘쓴다.
- 조력자: 대통령. 연금 개혁 공약을 앞세워 국민들의 압도적 지지를 받고 대통령에 당선되었다. 하루아침에 자기 몸에 웬 청년이 들어와 당황스럽지만, 원래 계획했던 대로 연금 개혁 정책을 시행하기 위해 국회의원들에 맞서는 주인공에게 열심히 조언한다. 주인공의 실제 경험을 들으며 국민을 위한 정책 방향이 무엇인지 다시금 깨닫는다.
- 대적자: 국회의장. 자신과 같은 기성세대의 이익을 위해 연금 개혁에 완강히 반대하며 의회에 관련 법률이 올라오는 족족 불통시킨다.

　세진이가 고른 세부 목표는 '빈곤층 감소와 사회안전망 강화'였다. '사회보장제도'를 중심에 놓고 젊은 세대가 국민연금에 대해 갖고 있는 불만을 조사한 세진이는 경제 칼럼을 바탕으로 기존 국민연금을 개혁해야 하는 근거를 찾았다. 또 지금 나온 여러 연금 개혁안 중 어떤 것이 타당한지 분석해 이를 시놉시스에 반영하고 자신이 생각하는 방향의 연금 개혁을 이뤄 내는 줄거리를 만들었다.

웹소설이기에
가능했다

웹소설이라는 단어를 듣고 이상하다는 듯 고개를 갸우뚱 했던 학생들은 주인공을 설정하며 능력이 타고나는 게 좋은지, 발현되는 게 좋은지 논의했다. 이따금 나에게 주인공의 특징들을 설명해 주고 어울리는 이름을 지어 달라고 했다. 웹소설을 좋아하는 학생들은 웹소설을 전혀 읽지 않는 학생들의 질문에 머쓱해하면서도 친구가 배경지식을 착실히 쌓을 수 있게 도와주며 뿌듯해했다. 태은이는 다음과 같은 수업 후기를 남겼다.

> 웹소설이라는 마이너한 장르로 수행평가를 하면서 웹소설은 다양한 아이디어가 어우러져 있는 예술 장르라는 생각이 들었습니다. 무엇보다도 수행평가를 통해 서로의 생각을 공유하며 감상을 말하고, 자신의 창작물에 자부심을 가질 수 있었습니다. 제 안에 숨겨져 있던 작가로서의 한 면을 발견하는 경험이었던 것 같아서 매우 좋았습니다. 또한 사회에 여러 문제가 있다는 것을 그저 인지만 하고 있었는데, 사회 문제에 관한 구체적인 정보를 알아보고, 현재 제시된 다양한 해결책을 비교하면서 사회 문제를 해

결할 수 있을 것 같다는 자신감을 갖게 되었습니다.

순문학 작가를 꿈꾸고 있고, 웹소설을 전혀 좋아하지 않았던 준혁이는 웹소설만의 재미를 알게 되었다.

처음엔 웹소설을 자극적인 요소로만 채운 도파민 덩어리로 치부하며 등한시했다. 그런 나에게 웹소설 창작 수업은 매우 값졌다. 웹소설은 삶을 살아가는 데 지친 현대인들을 위해 내용의 복잡성을 버리고 단순한 스토리에 약간의 변화를 더해 독자들에게 큰 재미를 준다는 장점이 있었다. 결국 문학에서 제일 중요한 것은 '재미' 아니겠는가. 웹소설도 현재의 흐름으로 변형된 문학의 한 종류인 것을 알고 포용해 문학의 다양성을 추구하는 것이 올바른 문학도의 마음가짐임을 이번 수업을 통해 알았다.

판타지물을 접해 본 적이 없어 창작하는 내내 울상이던 다민이가 쓴 의외의 후기도 기억에 남는다.

현실에서 일어날 수 없는 판타지적 세상을 경험하며 창의성을 키울 수 있었고, 식량 안보 문제를 조사하며 심각성을 깨달을 수 있었다. 식량 안보 문제를 판타지적 요소로 해결하려고 했을 때 어려움이 많았지만, 오히려 그렇게 엮음으로써 세계 문제에 대해 더 구체적으로 생각해 볼 수 있었다.

웹소설을 즐겨 읽는 학생들에게 이 수업은 스스로 하위 장르라고 낮춰 생각하던 갈래를 정규 수업에서 배우며 자신감을 얻을 수 있는 시간이었다. 웹소설을 싫어하던 학생들에게는 문화의 또 다른 지평을 넓힐 수 있는 계기가 되었다. 무엇보다 많은 학생이 판타지와 현실의 문제를 연결하는 과정 속에서 사회 문제의 실질적 해결에 관심을 가지게 되었다. 나아가 새로운 세계의 주인공을 통해 간접적으로 문제를 풀어내 보며 효능감을 얻었다.

활동 전, 32.8퍼센트의 학생들만 사회 문제를 해결하기 위해 행동했다고 답했다. 나머지 학생들은 자신을 학생이라는 신분에 가두고 소시민임을 자처했다. 사회가 바뀌어야 한다는 것은 알고 있었지만 행동하지 못했던, 그런 자신을 아쉬워하던 아이들이었다. 그러나 10주간의 활동이 끝난 후 92.3퍼센트의 학생은 자신이 사회를 바꿀 수 있는 존재이며, 사회를 바꿔 볼 용기를 얻게 되었다고 대답했다. 현실적인 해결 방안도 아니었고, 판타지가 그득 담긴 엉성한 시놉시스뿐이었지만 아이들은 그 속에서 외면하고 있던 우리 사회의 문제를 바라보게 되었다. 또 학생이라는 한계를 스스로 뛰어넘을 수 있었다. 판타지라는 장르가 불가능을 가능으로 만들어 줬고 웹소설이라는 비교적 단순하면서도 확실한 문법이 창작에 대한 장벽을 낮춰 줬다. 주인공에게뿐 아니라 교육현장에 '치트키'를 제공하는 도구를 만나게 된 소중한 시간이었다.

처음 웹소설을 수업 시간에 다룬다고 했을 때가 주마등처럼 스친다. 동료 선생님들의 당혹스러운 표정, 웹소설에 반감 있는 학생들의 싫어 죽겠다는 시선, 창작의 괴로움에 끙끙 앓던 아이들의 얼굴. 수업을 구상하며 '왜 굳이 웹소설이어야 할까' 질문했던 나는 수행평가가 끝나고 나서야 '웹소설이기에 가능했다'는 결론을 내릴 수 있었다.

"이제 어떤 형태의 수업도 두렵지 않다."

| 막무가내 후배의 수업 파트너, 오애경 부장님 후기

웹소설을 활용한 수업은 낯설 수 있잖아요. 50대 교사로서 이번 수업을 운영하신 소감이 궁금해요.

완전 낯설었죠. 일단 한 번도 읽어 본 적 없는 장르로 수업해야 하는 상황이라 감이 없는 게 힘들었어요. '퀘스트' '레벨업' 같은 용어들도 그렇고, 구조도 일반 소설이랑 달라서 어려웠죠. 우리는 소설이 익숙한 독자니까 소설을 읽으면서 '아, 주인공이 이런 상황이니까 다음에는 어떤 상황이 오겠구나' 하고 추측할 수 있잖아요. 그런데 웹소설은 어떻게 이야기가 전개될지 예측할 수가 없었어요. 〈나 혼자 탑에서 농사〉에서 토끼 가족이 나왔을 때 '이런 요소로 이야기를 어떻게 풀어 갈까, 참 단조롭다' 생각하며 읽었는데 갑자기 고양이가 나타나고, 물고기가 나타나고…. 웹소설만의 구조를 파악하는 것 자체가 어려웠어요.

그런 어려움은 어떻게 해결하셨나요?

다행스럽게도 학생들 중에 웹소설을 쓰는 학생이 있었어요. 그 학생과 따로 공부했죠. 나는 이런 걸 설명하고 싶은데, 적절한 예시를 들어 알려 줄 수 있는지 묻는 식으로요. 또는 그 학생이 학생들에게 설명해 주기도 했어요. 웹소설을 안 읽어 본 학생이 많았거든요? 그런데 학생들은 저와 달리 '감'이 있나 봐요. 저보다 훨씬 빠르게 감을 찾고 활동에 임하더라고요.

낯설었을 수업에 임하신 이유가 궁금해요.

수행평가의 목적 자체가 좋았기 때문이에요. 국제 사회 문제, 우리가 마주하고 있는 문제를 해결하기 위해 웹소설을 활용한다는. 수업을 운영하면서 만약 일반 소설이었으면 쉽지 않았겠다고 생각했어요. 현실의 문제를 진지하게 해결하려면 학생들이 알고 있는 지식만으론 부족할 수 있거든요. 결론적으로 해결될 수도 없고…. 그런데 웹소설은 여러 장치를 가지고 있잖아요. 환생이나, 회귀나, 빙의라는 얼토당토않은 것들.(웃음) 그런 면에서 주인공이 어떤 능력으로 때려잡고, 다른 세계로 넘어가고 하니까 아이들이 이야기를 풀어 가는 데 있어서 수월할 수 있었던 거 같아요.

듣다 보니 정말 고군분투하셨네요. 다른 분들이 이 이야기 듣고 대단하시다고 하셨거든요.

맞아요. 그런데 이 활동을 할 때는 활동지가 미리 나와야 해요.(극대노) 왜냐하면 웹소설 자체가 낯선 동교과가 있는 데, 윤형 샘이 활동지를 항상 급박하게 만들어서 매 수업 전마다 얼마나 두려움에 떨었는지 몰라요.

반성합니다. 그래도 도전할 만한 가치가 있었나요?

그렇죠. 교사라면 누구든 의미 있는 수업을 하고 싶은데, 전 이 수업이 의미가 있다고 판단했거든요. 요즘 고등학생 들은 몸도 마음도 바쁘잖아요. 개인적인 문제, 입시 등으로 허덕이는데 언제 세계 문제에 대해 고민하겠어요. 수업 시 간에만 가능한 일이죠. 또 이 수업은 창작 수업이었잖아요. 학생들이 국어 시간은 자주 접하지만, 창작 수업은 많이 접 해 보지 못하죠. 그래서 나중에 수업 피드백을 받아 봤는데 웹소설 시놉시스를 창작한 과정 자체에 의미를 부여한 학 생들이 많았어요. 저도 학생들의 시놉시스를 읽으면서 깜 짝 놀랐어요. 아이들이 이렇게 글을 잘 썼나, 싶었어요. 교 사 이전에 독자로서 학생들이 시놉시스를 풀어 간 세밀한 과정이 궁금해질 정도였죠. 수업에서 창작할 수 있는 장을 마련해 줬을 때 학생들의 능력이 발현되는 것을 오랜만에, 다시 경험할 수 있는 기회였어요. 그리고 저 역시 교사로서 성장하는 계기가 되었어요. 제 나이가 되면, 성장을 고민하지 않기 쉽거든요. 그런데 이 수업을 통해 낯선 장르를 고민하면서 아직 알아 갈 새로운 것들이 많고, 공부하고 노력할 수 있다는 걸 깨달았어요.

저희 2학기에는 '웹드라마' 제작하는 수업 하잖아요. 어떠신가요?

책 광고 영상 제작하기, 영상 시 제작하기는 해 봤지만 드라마를 제작하는 건 처음이에요. 그래도 이제 처음이라는 이유로 걱정만 되지는 않아요. 웹소설 수업을 해 보니, 어떤 형태의 수업도 두렵지 않네요.(웃음)

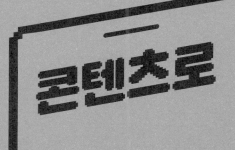

콘텐츠로

미래를
준비하는
너에게

자신의 이야기와
꿈,

욕망을 담는
웹소설 쓰기 프로젝트

05

조인혜
능곡고등학교

#콘텐츠

#챗GPT

#자기서사

#진로

너희 이렇게
웹소설 좋아했다고?

시작은 캠벨의 신화 이론이었다. 독서 시간에는 다양한 분야에 대한 지문을 학습하는데, 그날은 캠벨의 원질 신화에 대한 지문을 읽었다. 이 신화에서 시작된 영웅의 '출발-입문-귀환' 구조와 여기서 발전된 보글러의 '영웅의 여정 12단계'가 오늘날의 문화 콘텐츠에 어떻게 반영이 되는지를 이야기했다. 각 단계의 특징을 이해할 수 있도록 《해리 포터》 시리즈와 영화 〈반지의 제왕〉 〈스타워즈〉 등 아이들이 잘 알 만한 작품을 예시로 들었다.

나는 싱숑 작가의 웹소설을 정말 열독했던 독자였기 때문에 〈전지적 독자 시점〉도 언급했다. 그런데 아이들의 눈빛이 달라졌다. 수업의 공기가 달라지는 느낌이라고 해야 할까. 흥미를 잃어 가는 것 같던 아이들이 갑자기 몰입하는 분위기로 바뀌었다. 아이들에게 웹소설이라는 콘텐츠가 가지고 있는 힘과 매력이 도대체 어느 정도일까 궁금해졌다.

2차 지필평가를 마치고 학기말에 아이들이 교과 특성을 살려 해 볼 수 있는 프로젝트 활동들을 기획했다. 그리고 활동을 희망하는 프로젝트에 신청하도록 안내했다.

그중 하나가 '웹소설 쓰기'였다. 학교에 순문학 작품을 써 볼 수 있는 프로젝트가 이미 있었지만, 아이들이 친밀하게 느끼는 웹소설을 창작해 보는 경험을 함께하고 싶었다. 고등학교 2학년 두 학급 중 정말 순수하게 웹소설 쓰기를 희망한 학생은 8명이었다.

무한히 확장되는
시드 콘텐츠
일러스트와 웹툰부터 게임, 드라마까지

웹소설 쓰기 프로젝트에 신청한 친구들에게 왜 이 프로젝트에 지원했는지 물었다. 웹소설은 그래도 '소설'이고, 담당이 국어 교사이니 지원을 희망한 아이들 대부분이 작가나 국문학, 문예창작학 전공을 꿈꾸리라 생각했다. 하지만 예상과 달리 문예창작학을 전공하고 싶어 하는 학생은 단 1명. 이 학생은 진지하게 웹소설 작가를 꿈꾸는 친구였고 이미 웹소설 연재 플랫폼에 자신의 작품을 올리고 있었다. 그렇다면 다른 아이들은 왜 웹소설을 쓰고 싶어 하는 거지? 지원 이유를 살펴보니 공통적으로 웹툰과 웹소설을 즐겨 보는 취미가 있었고, 게임·일러스트레이터·웹툰 작가·콘텐츠 PD·연출 등을 진로로 희망하고 있었다.

　　요즘 웹소설은 시드 콘텐츠로서 엄청난 힘을 발휘하고 있다. 막대한 조회 수를 바탕으로 웹툰화되거나 2003년 이후 거의 매해 2편 이상 드라마로 제작되며 큰 인기를 끄는 중이다. 오디오·게임·음악·이모티콘·숏폼 콘텐츠에 이르기까지 다각도로 뻗어 나가기도 한다. 몰입감이 높고, 드라마 형식을 띠고 있어 대중화와 영상화에 적합하기 때문에 IP(Intellectual Property, 지식 재산권) 확장 가능성이 높은 콘텐츠다.[1] 〈달빛조각사〉의 경우 웹툰, 이모티콘, 게임, 음악으로 만들어졌다.

　　다양한 장르로 변주되는 미디어인 웹소설을 창작하는 작업은 이를 기반으로 한 콘텐츠의 확장과 이어질 수 있다. 웹소설 쓰기 프로젝트에 지원한 학생들은 그 점을 인지하고 있었다. '웹소설이나 스토리 작가로서 돈을 벌고 싶어서' '웹툰 또는 일러스트를 그리고 싶은데 컷툰이나 화면 구성을 짤 때 웹소설을 써 본 경험이 도움이 될 것 같아서' 'PD나 무대 연출에 관심이 있어 웹소설을 통해 스토리나 아이디어를 구체화해 보고 싶어서' '웹툰이나 웹소설 표지 디자인을 하고 싶은데 웹소설을 직접 써 보며 이에 대한 틀을 세워 보고 싶어서' '게임 스토리나 게임 시나리오에 관심이 있어서'와 같은 응답을 통해 알 수 있다.

직업에 대한 흥미가 있고 콘텐츠 제작을 희망하는 아이들에게 웹소설은 별개의 장르가 아니라 다변성과 확장성을 지닌 매력적인 원천으로서 배우고 싶은 중요한 매체였다. 웹소설 쓰기는 '소설 창작'이라는 문학적 관점보다는 '콘텐츠 생산'의 의미였다. 콘텐츠로서의 웹소설이 자신의 진로와 유의미하게 연결된다고 인식해 이 프로젝트에 참여한 것이다.

쓰고 싶은 장르를 찾아서 (feat. 챗GPT)

[1차시] 관심 콘텐츠와 웹소설 탐색

웹소설 쓰기 프로젝트는 구글 클래스룸으로 진행했다. 같은 교실 안에서 다른 프로젝트를 진행하는 학생들도 있었기 때문이다. 각 차시별로 학습해야 할 내용과 과제는 《백전백승 웹소설 스토리 디자인》과 《챗GPT와 웹소설 쓰기》[2]를 활용해 만든 구글 문서로 나눠 주고, 개별적으로 피드백하는 방식으로 수업했다. 1차시는 웹소설 안내와 콘텐츠 특징 알아보기, 2차시는 챗GPT를 활용한 웹소설 쓰기 준비, 3차시는 캐릭터 구상하기, 4차시는 대적자·조력자 만들기, 5차시는 중심 사건과 시놉시스 만들기로 계획했다.

구글 클래스룸과 구글 문서는 필수 도구로, 챗GPT는 선택 도구로 제시했다. 5차시 안에 시놉시스까지 만드는 건 아이들에게 쉽지 않을 것 같아서 처음부터 챗GPT를 활용해 구상을 구체화하는 데 도움을 받을 수 있도록 설계했다. 프로젝트를 준비하며 챗GPT를 창작 과정에 활용해 봤는데, 확실히 창작의 소재 측면에서 아이디어를 얻을 수 있었다. 웹소설에서는 장르 클리셰의 특징을 이해하고 활용하는 것이 중요하니 기존 데이터에서 정보를 생성해 내는 챗GPT가 적절한 도구가 될 거라고 기대했다. 단, 스스로 구상한 내용으로만 창작해 나가는 친구들이 있을 듯해 선택 사항으로 뒀다.

첫 시간에는 웹소설의 특징, 장르 분류와 대표 작품, 플랫폼 등에 대해 설명했다. 웹소설을 쓰려면 이 콘텐츠의 특성을 파악하는 것이 우선이라고 생각했다. 이미 웹소설을 많이 읽었던 아이들이어서 쉽고 익숙하게 내용들을 소화했다. 하지만 장르에 대한 정보를 알고 있더라도 자신이 좋아하는 작품의 주인공이나 세계관 등이 갖고 있는 특징까지 짚어 낼 수 있을 정도로 속속들이 파악하고 있지 않기 때문에, 스스로의 취향을 분석하고 어떤 웹소설을 쓸지 구상해 볼 수 있게 하는 질문들을 제시했다. 자신이 쓰고 싶은 이야기의 주제·소재·장르와 가장 좋아하는 웹소설 작품이 무엇인지 쓰고, AI(네이버 CLOVA X, 챗GPT, Bard 등) 챗봇을 이용해 좋아하는 콘텐츠와 순위가 높은 웹소설 작품의 공통점에 대해 알아보는 과제였다. AI 챗봇에 넣을 프롬프트 예시를 함께 제공했다.

아이들이 제출한 결과물을 보니 이번에도 공통점이 있었다. 쓰고 싶어 하는 이야기나 장르가 자신들이 즐겨 읽는 웹소설의 장르와 동일했고 세계관이나 주제도 비슷했다. 〈구경하는 들러리양〉 같은 로맨스 판타지를 즐겨 읽는 학생은 로맨스 판타지를 쓸 계획을 세웠고, 〈전지적 독자시점〉을 좋아하는 아이는 아포칼립스 세계를 배경으로 하는 현대 판타지를 쓰고 싶어 했다. 이미 특정 장르에 대한 취향이 확고했으며 그 장르에서 공식처럼 쓰이는 클리셰를 잘 알고 있었기 때문이다.

하지만 정말 그 이유뿐일까? 평소에 어떤 장르나 주제의 웹소설을 즐겨 읽는 취향을 가졌다면 그 취향에 독자로서 가지고 있는 자신의 욕망이 반영되어 있는 것은 아닐까? 클리셰가 있어서 쓰기 쉽다는 말은 다른 문학이나 매체에 비해 그렇다는 것이지, 웹소설을 쓰는 과정 자체가 쉽다는 뜻이 아니다. 그럼에도 불구하고 이 작업에 도전하고 싶었다는 것은 아이들이 반영하고 싶은 자신의 욕망이나 꿈, 이야기 등이 있어서가 아닐까 하는 생각이 들었다. 그래서 프로젝트를 진행하며 아이들이 쓴 작품 내용과 장르적 특징을 개개인의 서사와 연관 지어 살펴보기 시작했다.

키워드 위에 짓는 내 취향의 세계
[2차시] 세계관과 스토리 윤곽 설계

챗GPT는 분명 창작에 활용할 수 있는 좋은 도구지만, 프롬프트를 넣는 방법이나 챗GPT를 사용할 때 생길 수 있는 오류들에 대해 모른다면 활용하기 어려울 수 있다. 따라서 2차시에서는 챗GPT 사용법을 안내하면서 세계관과 스토리 및 주인공의 윤곽을 설정하게 했다. 과제로 준 질문들은 아래와 같았다.

1. 내가 웹소설로 쓸 장르는?
2. 내가 쓰고 싶은 작품의 키워드는?
3-1. 내가 쓰고 싶은 장르의 세계관에 대한 문장을 생각나는 대로 자유롭게 써 봅시다.

**3-2. 내가 쓰고 싶은 소설의 주인공에 대해 생각나는 대로 자유
롭게 써 봅시다.**

    세계관 설정이 어려울 때 챗GPT에 입력할 수 있는
예시 프롬프트와 활용 방법도 미리 알려 줬다. 먼저 원하는
예상 독자의 성별·연령·그들이 좋아할 만한 장르 등의 정
보를 넣고, 자신이 만들고 싶은 이야기를 서술한다. 그다음
이러한 이야기가 담긴 다섯 가지 스토리 라인을 만들어 달
라는 프롬프트를 넣고, 나오는 답변에 대한 구체화를 요청
해 더 상세한 스토리를 만들어 가는 방식이다.

    아이들의 2차시 과제에서 가장 많이 했던 피드백은
역시 세계관 설정에 관한 부분이었다. 주로 챗GPT로부터
받은 답변을 활용할 수 있게 돕는 피드백을 줬다. 예를 들
어 아이돌물 현대 판타지로 스토리 라인을 만들고 있는 아
이의 경우, 챗GPT가 준 스토리 라인을 구체화시킬 수 있는
추가 프롬프트를 넣지 못해 아쉬운 부분이 있었다. '주인공
이 사람들의 주목을 받게 되고 데뷔의 꿈에 다가간다'는 스
토리였는데, 이 답변에 대한 프롬프트로 '어떤 사건을 통해
사람들의 주목을 받게 되고 데뷔의 꿈에 가까워지는지, 그
과정을 상세하게 만들어 줘'라는 말을 넣어 보게 했다. 또
아이가 만든 스토리 라인을 직접 챗GPT에 입력해서 나온

답변 중 좋은 소재가 될 만한 부분을 체크해 주고 활용해 보라고 이야기했다.

쓰고자 하는 장르마다 다양한 세계관이 나타났다. 주목할 만한 지점은 아이들 각자의 취향이나 흥미, 가치관, 장래 희망, 친구 관계 등 개인적인 서사가 드러나기 시작했다는 것이다. Y는 게임을 즐겨 했고 게임 디자인과 판타지 게임 시나리오에 관심이 많은 아이였다. 그래서 챗GPT를 통해 판타지 게임 시나리오의 스토리가 갖고 있는 특징을 분석한 뒤, 자신이 좋아하는 〈화산귀환〉 〈나 혼자 네크로맨서〉 등의 스토리와 어떤 점에서 같은지 확인했다. 2차시에서는 '〈화산귀환〉과 〈나 혼자 네크로맨서〉를 읽는 사람이라면 어떤 장르의 게임 시나리오를 써야 할까?'라는 프롬프트를 챗GPT에 넣어 자신이 좋아하는 콘텐츠를 쓰고 싶은 웹소설의 세계관과 스토리에 반영했다.

마지막 차시를 마치고 썼던 후기에서 Y는 '주인공의 특징이나 성격, 기술, 설정 등에 나의 취향을 녹여 작성할 수 있을 뿐만 아니라 내가 평소 좋아하는 작품의 느낌을 더해 써 볼 수 있어서 좋았다'고 이야기했다. 다른 한 학생은 '웹소설을 구상하며 내가 어떤 것에 관심이 있는지 알게 되었다'고 말하기도 했다. 개인적인 부분을 웹소설 창작에 반영하라고 하지 않았는데도 아이들은 자연스럽게 자신의 이야기를 웹소설에 담아내고 있었다.

살아 보지 못한 삶을 이해하는 시간
[3차시] 캐릭터 구상

3차시부터는 캐릭터 중 주인공을 구체적으로 구상하게 했다. 주인공의 매력과 능력, 서사가 작품 전체를 끌고 가기 때문이다. 대적자와 조력자를 만드는 4차시까지 이어지는 과정으로 설계해서 인물의 빈틈을 채울 수 있도록 했다.

　　이번에도 챗GPT의 도움을 받을 수 있는 방법을 소개했다. 인물 구상에서 챗GPT를 활용하면 캐릭터의 성격, 외형, 특징, 말투, 배경, 주변 인물 및 인물들의 관계는 물론 성격에 기반한 행동 방식이나 에피소드까지 나온다. 프롬프트에 내가 쓰고자 하는 소설의 세계관이나 주인공의 특징을 넣고 답변받고 싶은 내용을 질문하면 구체적인 아이디어를 얻을 수 있는 것이다. 나는 '망해 가는 아이돌의 막내로 회귀한 탑 티어 아이돌의 성격과 능력치를 추천해 줘' '탑 티어 아이돌의 리더였던 주인공이 망해 가는 아이돌의 막내로 빙의해서 그 그룹을 키워 내야 할 때 필요한 조력자 캐릭터들을 설정해 줘' 등과 같은 프롬프트를 예시로 보여 줬다.

인물에 대해 구상할 때 사용할 수 있는 캐릭터 시트는 두 가지로 제시했다. 하나는 캐릭터의 외적인 이미지, 히스토리, 능력, 고유성을 담은 페르소나 매트릭스였고, 다른 하나는 이야기의 흐름(사건 전, 사건 후, 사건 중 성장)에 따른 캐릭터의 변화를 보여 주는 시트였다. 둘 중 하나를 선택해 주인공을 만들어 보도록 하고 막막한 부분이 생길 때 쓸 수 있는 챗GPT 프롬프트를 제공했다. 만약 주인공의 능력을 어떻게 설정할지 고민이라면, 2차시에 썼던 세계관을 챗GPT에 넣은 후 '네가 웹소설 작가라면 이러한 세계관의 웹소설 주인공에게 어떤 능력을 부여하고 싶은지 다섯 가지 알려 줘'라고 질문하고 그에 대한 답변을 받아 다듬으면 된다. 다음은 이 과정을 보여 주는 학생의 사례다.

프롬프트

멸망한 세계의 생존자인 주인공이 생존자들을 위한 기관에서 다른 생존자들을 만나지만, 실은 그 기관이 세계를 멸망하게 만든 실체임을 깨닫고 동료들과 이 기관을 해체하는 이야기가 있어. 네가 웹소설 작가라면 이러한 세계관의 웹소설 주인공에게 어떤 능력을 부여하고 싶은지 다섯 가지 알려 줘.

- 공감 감지 능력: 주인공은 상대방의 감정을 감지하고 이해할 수 있는 능력을 가진다. 이 능력을 통해 주인공은 동료들의 마음을 헤아려 갈등을 해소하고 협력을 촉진하는 데 도움을 주며, 적들의 의도를 파악해 위협에 대비할 수 있다.
- 환경 인식 능력: 주인공은 주변 환경과 상호작용해 해당 지역의 특성과 리소스를 빠르게 파악할 수 있는 능력을 가진다. 이는 여행 중에 생존을 돕고, 기관 내부에 숨어 있는 위협을 예측하는 데 유용하게 사용된다.
- 기관 해독 능력: 주인공은 기관의 시스템과 비밀을 해독할 수 있는 특별한 능력을 보유한다. 이를 통해 주인공은 기관의 정체성과 음모를 파악하며, 동료들과 함께 반란을 일으켜 기관을 무너뜨리고자 하는 계획을 세울 수 있다.
- 마음의 소용돌이 능력: 주인공은 강력한 정의감과 강단 있는 성격을 바탕으로, 주변의 모든 이에게 영감과 희망을 전하는 능력을 가진다. 이 능력은 동료들을 동원하고 통일하는 데 사용되며, 주인공의 리더십과 영향력

을 강화한다.
- 미래 예지 능력: 주인공은 미래를 예지하고 상황을 예측하는 능력을 보유한다. 이는 위기를 미리 대비하고, 적절한 결정을 내릴 수 있게 해 준다. 또한 동료들과 함께하는 여정에서 예기치 못한 위험에 대처하는 데 큰 도움이 된다.

학생은 챗GPT가 준 다양한 키워드와 아이디어, 간단한 창작물을 자신의 스타일로 바꿔서 활용했다. 인물들의 이름, 소설의 제목을 정하는 작업 또한 생각지 못한 단어들을 조합해 준 챗GPT의 도움으로 수월하게 진행했다. 다른 학생들도 챗GPT에 클리셰, 사람들에게 인기 있는 장르, 세계관 설계, 웹소설·웹툰·게임 스토리의 전개 방식을 물어보며 시간을 절약하고 구체적인 세부 설정에 더 집중했다.[3]

세계관 설정에서 드러나던 자기 서사의 반영은 캐릭터 설정에 이르자 좀 더 뚜렷해지기 시작했다. Y의 경우 자신이 좋아하는 판타지 게임의 요소를 캐릭터 시트에 추가했다. 주인공 캐릭터가 갑자기 이세계로 떨어지는 것, 다양한 경험으로 능력치를 쌓아 캐릭터 특성에 맞는 역할로 거듭나는 과정, 서로의 능력을 보완할 수 있는 캐릭터들이 함께 파티를 만들어 몬스터와 싸우는 상황, 각 캐릭터가 이세계를 개척해 가는 저마다의 이유와 목적을 보여 주는 스토리 등이었다.

Y의 웹소설 주인공 '이신우'는 한 아이를 구해 주려다 자신이 사고를 당하게 되면서 이세계로 들어간다. 검도와 펜싱을 잘하고 펜싱 선수가 되는 것이 목표였기 때문에 이 세계에서도 신체 능력과 검술이 뛰어나다. 그리고 이를 바탕으로 상대의 약점을 간파하는 능력, 각종 무기 사용 능력을 개발해 나가며 성장한다. 그 과정에는 동료 '아이린'과 '마을 사람들'의 조력이 있다. 이처럼 판타지 게임 분야를 구체적으로 경험해 본 Y의 결과물에는 이야기 시작 전과 사건 중, 후에 따른 주인공의 변화와 특징들(능력, 기술, 삶의 목표, 친구 관계)이 굉장히 입체적으로 설정되어 있었다.

한편, 아이들은 캐릭터 시트를 작성하면서부터 프로젝트에 참여하는 친구들과 자신의 작품에 대해 이야기를 나누기 시작했다. 창작할 장르를 정하고 세계관과 스토리의 윤곽을 잡을 때까지는 철저하게 개인 작업을 하고 있다는 느낌이 강했는데, 인물 구상 단계에 이르자 자신의 소설 속 캐릭터를 마치 가족이나 친구를 대하듯 했다. 상상 속의 인물이지만 자신이 만들어 낸 누군가의 삶과 여정을 향한 애착이 느껴졌다. 소설을 읽고, 쓰는 과정에서 우리가 살아 보지 못했던 삶과 관계와 감정을 경험하고 이해하게 된다는 것을 다시 한 번 발견하는 소중한 순간이었다.

이야기가 가야 할
방향 설정하기
[4~5차시] 시놉시스 완성

웹소설에서 가장 중요한 것은 당연히 주인공이다. 하지만 이 캐릭터로 할 수 없는 일을 대신 해 주는 조력자, 주인공과 상충되는 목표를 지닌 대적자 또한 작품의 서사 구성에 필수적이다.

이들의 관계와 대립을 드러내는 중심 사건을 설정하려면 웹소설의 플롯 구조에 대한 이해가 있어야 한다. 웹소설은 주인공과 대적자 사이의 갈등을 단순하지만 길게 다루는 단선 플롯 구조로 이뤄지므로, 아이들이 이를 직접 살펴볼 수 있게 하는 과제를 냈다. 3차시에서 구상했던 주인공과 대적자·조력자 캐릭터를 상세하게 정리하고 자신이 즐겨 보는 웹소설의 플롯 구조를 분석하는 것이다.

〈화산귀환〉〈전지적 독자 시점〉〈데뷔 못 하면 죽는 병 걸림〉 등에서 단선 플롯 구조를 잘 파악해 낸 학생들은 5차시부터 중심 사건을 만들기 시작했다. 소설의 처음, 중간, 끝을 나눠 개략적으로 정리하는 작업이다. 주인공을 초점화하면서 소설 속에 그려 낼 주요 사건들을 마련하고 배치하는 과정을 간략하게 진행했다. 시놉시스를 쓰기 전에 대강이라도 머릿속에 내용이 구상되어 있어야 하기 때문이다.

시놉시스에는 등장인물 소개, 줄거리, 로그라인, 제목이 들어간다. 이 요소들이 웹소설에서 각각 어떤 중요성을 갖고 있으며 무슨 역할을 하는지 알려 주고, 자신이 쓸 웹소설 시놉시스를 어떻게 작성하면 좋을지 생각하면서 5차시 과제를 해 보도록 했다. 한 차시 안에 시놉시스를 완성하는 것이 쉽지 않기 때문에 최종 제목을 정할 때 활용할 수 있는 2단계의 프롬프트를 제시했다. 챗GPT에 프롬프트 1을 넣고 답변을 받은 후 프롬프트 2를 입력해 나온 것 중 하나를 선택하거나 다듬어서 쓰면 된다.

프롬프트 1

아래는 최근 한국에서 인기 있는 웹소설들의 제목이야.

▶〈대기업 말단이 일을 잘함〉▶〈오늘만 사는 기사〉▶〈데뷔 못하면 죽는 병 걸림〉▶〈화산귀환〉▶〈게임 속 바바리안으로 살아남기〉▶〈전지적 독자 시점〉▶〈재벌집 만렙 아들〉▶〈아포칼립스에 집을 숨김〉▶〈나 혼자 탑에서 농사〉▶〈천재 무림 트레

이너〉.

프롬프트 2
다음 시놉시스를 참고해서 앞서 제시한 제목들 같은 제목을 10개 만들어 줘.
'(자신이 쓴 시놉시스의 줄거리를 넣을 것).'

앞서 판타지 게임 시나리오에 관심을 두고 있던 Y가 1차시에서 잡았던 스토리의 얼개는 다소 거칠었다.

주인공이 현대 세계에서 사고를 당해 죽음과 동시에 다른 세계에서 깨어남. 멸망을 앞둔 나라에서 일어나게 된 주인공은 현대 세계에서와 다른 자신의 능력으로 이세계를 구하고자 함. 여러 조력자를 통해 정보 등을 받으며 나라들을 구원함.

하지만 주인공, 대적자, 조력자 등의 캐릭터를 구체화하고 중심 사건을 만들며 플롯을 짜는 과정을 거쳐 5차시에서 훨씬 구체화된 시놉시스와 제목을 만들어 냈다.

주인공 이신우

현실적이고 차가운 성격을 가지고 있지만 타인을 대하는 태도와 남들과 협력하는 면에서는 매우 뛰어나고 리드를 잘하는 편이다. 일상에서 항상 이성적인 모습을 유지하려 하지만 종종 엉뚱한 면이 나오는 경향이 있어 그 모습을 보고 놀라는 사람들이 있다. 평소 운동을 좋아해 체대에 들어갔으며 검도와 펜싱을 잘해서 이세계로 오게 되었을 때 검술을 잘 사용한다.

대적자 렉타르

한 나라를 다스리는 국왕이며, 그가 통치하는 백성들조차 두려움에 떨 만큼 무서운 면모를 지녔다. 어릴 적 부모님을 잃고서 더더욱 차가워진 그는 사람들 사이에서 불운의 왕자, 불운의 왕 등으로 불린다.

조력자 아이린

처음 이신우와 만난 인물. 이신우와 함께 이세계를 구하기 위한 여정에 나서게 된다. 따뜻한 마음을 지녔으며 타인을 돕는 것을 좋아한다. 뛰어난 마법을 구사하고 매우 지적인 면이 있다. 그녀는 이신우와 친밀한 관계를 맺고 있는 유일한 사람이라고 봐도 될 만큼 사이가 좋다. 아이린은 여러 나라에서도 알 정도로 유명하다.

줄거리

현대 사회에서 살아가던 이신우는 한 아이를 구해 주려다 교통사고를 당해 이세계로 오게 된다. 그가 정신을 차리고 깨어났을 때는 어떤 숲의 한가운데였고 걷다 보니 나오는 건 지금 우리 사회와 매우 비슷하지만 폐허가 되어 버린 도시였다. 그러다 아이린을 마주하는데, 우연히 비슷한 목표를 갖고 있다는 것을 알게 된 둘은 여정을 함께하기로 한다.

훈련과 경험을 쌓아 가던 이들 앞에 어느 날 렉타르가 나타나며 둘은 위험에 빠진다. 아이린의 능력으로 그 상황을 벗어나지만 렉타르가 나타났던 나라는 몰락한다. 아이린과 이신우는 주변 마을 사람들의 도움을 받아 회복하고, 여러 나라를 돌면서 훈련을 이어 간다. 이후 아이린과 이신우는 렉타르와 다시 만나 전투를 벌인다.

로그라인

교통사고로 인해 오게 된 이세계에서 살아남아야 하는 한 체대생의 생존 현대 판타지.

제목

죽은 세상의 환생, 빙어진[4] 도시의 부활

이보다 더 짜임새 있고 장르적 특성이 뛰어난 시놉시스를 만든 학생들도 있었으나, 그 아이들은 이미 웹소설을 연재하고 있거나 2차시 스토리 설정 단계부터 완성형에 가깝게 구성을 했다. Y의 사례가 유의미했던 이유는 처음에 구상했던 스토리를 차시를 거듭하며 점차 구체화된 이야기로 만들어 갔기 때문이다. Y는 장래에 구현하고 싶은 판타지 게임 시나리오를 웹소설에 반영하며 스토리를 구성하려면 어떤 요소들을 고민해야 하는지 깨달아 갔다. 그렇게 자신이 쓰고자 하는 방향의 이야기가 정확히 무엇인지 정리했을 때 챗GPT에게 제대로 질문하고 원하는 답을 얻을 수 있다는 것을 이해했다.

쓰다 보니 내 얘기잖아?
순문학 창작과 다름없는 웹소설 창작

문학을 창작하다 보면 내가 잘 쓸 수 있는 이야기와 내가 쓰고 싶은 이야기가 다를 수 있다. 또한 웹소설과 같이 장르적 문법이 비교적 뚜렷한 경우에는 이야기 속에 자기 서사가 너무 많이 반영되면 장르와 어긋나거나 재미를 잃은 글이 되기 쉽다. 자칫 웹소설이라는 콘텐츠가 지닌 상업적 요소에 맞지 않아 독자에게 외면받는 글이 될 가능성이 커질 수 있으므로 자신이 쓰고 싶은 이야기라 할지라도 웹소설의 특성과 균형을 맞추는 것은 매우 중요한 부분이다.

하지만 인간을 통과하는 창작물에 있어 그것을 창작하는 작가의 생각, 취향 등이 반영되지 않는 작품이 나올 수는 없다. 더불어 처음 웹소설을 창작하는 아이들에게는 자신이 잘 알고 잘 쓸 수 있는 이야기나 자신의 욕망과 가치관을 반영하는 이야기가 시작점이 될 수 있다. 어떤 장르의 문법을 따르더라도 '왜 이 이야기를 쓰고 싶고 무엇을 말하고 싶은지'가 창작의 동력이자 서사를 끌어가는 힘으로 작용할 수 있기 때문이다.

실제로 눈여겨볼 만하게 가시적으로 자기 서사가 반영된 사례가 있었다. 예능 프로그램을 좋아하고 PD가 장래 희망인 H의 결과물이다. H는 주인공을 '예능 프로그램을 정말 좋아해서 예능의 룰과 게임들을 잘 알고 PD가 되고 싶어 하는 평범한 고등학생'으로 구상했다. 이는 단순한 자기 반영을 넘어 학생의 가치관까지 구현된 캐릭터 설정이었다. 웹소설의 윤곽을 설계하는 2차시에서 챗GPT를 사용한 부분과 함께 소개해 본다.

- 장르: 판타지
- 키워드: #판타지 #예능 #최신판 #오징어게임 #게임 #코인 #런닝맨
- 주인공 특징: 평소 예능을 즐겨 봄. PD 지망생. 고등학생. 남자. 현실에서 주어지는 미션들의 공략법을 쉽게 떠올릴 수 있는 능력 가짐.

H가 사용한 프롬프트

한국 중고등학생들이 보기 좋은 판타지 장르의 이야기를 만들고 싶어. 예능 프로그램들이 현실에 나타나 생명을 좌우하는 내용이야. 평범한 남학생이 주인공인데, 평소 예능을 엄청 즐겨 본 덕분에 현실에 등장하는 미션들의 출처와 공략법 등을 쉽게 파악할 수 있는 능력을 가지게 돼. 이 능력으로 어렵지 않게 변화한 세계에서 살아남지만, 주인공은 더 이상 끔찍한 일이 일어나지 않도록 이 게임의 제작자를 찾아 제거하려고 해. 게임이 시작되었을 때 주어지는 이름표가 목숨이고, 남의 이름표를 뜯거나 미션을 완료해서 얻는 코인이 재산인 사회가 배경이야. 이런 이야기의 스토리 라인을 간단히 만들어 줘.

제목:

라이프 태그 – 현실의 미션, 예능의 힘

캐릭터 소개:

주인공 – 강민우. 평범한 고등학생으로, 예능 프로그램을 사랑하며 건강한 삶을 추구한다.

세계 설정:

현실 세계에 예능 프로그램의 미션과 공략법이 실제로 존재하는 독특한 사회. 각 사람은 출생 시 '라이프 태그'라 불리는 이름표를 받는다. 이것이 그들의 목숨이자 신분을 나타낸다.

스토리 라인:

· 게임의 시작 – 어느 날, 강민우는 자신의 라이프 태그를 통해 현실 세계의 미션과 공략법을 파악하는 능력을 획득한다. 강민우는 이 능력을 이용해 놀라운 사건들을 경험하며 예능 프로그램처럼 변화하는 현실에 적응한다.

· 미션과 코인 – 강민우는 미션을 완료하거나 남의 라이프 태그를 훔쳐 코인을 얻을 수 있게 된다. 이 코인은 현실에서의 재산이자 강민우의 생존을 위한 필수품이 된다.

· 급변하는 현실 – 강민우가 미션을 완료함으로써 세상이 점점 변화하고, 미션의 난이도도 증가한다. 그러나

강민우는 예능적인 소양과 그에 따른 노하우로 어려움
을 극복하며 주변의 사람들과 협력하게 된다.

• 암전의 이면 – 강민우는 세상의 변화를 주도하는 이 미
션의 제작자가 어딘가에 있다는 것을 알게 된다. 그의
목표는 제작자를 찾아내 이 예능적인 현실의 끝을 만들
어 내는 것이다.

• 최종 결전 – 강민우는 미션의 제작자에게 접근하며 과
거의 이야기와 현재의 광경을 알게 된다. 강민우는 제
작자와의 최종 대결에서 자신의 예능 지식과 인간다운
감성을 발휘해 이 예능적인 현실을 끝내는 선택을 하게
된다.

• 결말 – 강민우는 예능의 힘을 이용해 세상을 지배하려
던 제작자를 이기고, 현실 세계를 일반적인 상태로 되돌
린다. 그리고 다시 평범한 고등학생으로 돌아가지만, 그
의 경험은 그를 더욱 강하고 현명한 사람으로 만든다.

H가 사용한 프롬프트

중간에 주인공이 제작자를 제거한다는 목표를 갖는 계기
가 될 수 있는 사건이 있으면 좋겠어. 소중한 누군가가 죽
는다거나, 다른 이들은 모르는 어두운 진실을 알게 된다
거나. 이러한 사건을 구체적으로 포함해서 이야기를 다시

서술해 줘.

- 암전의 이면 – 강민우는 미션을 수행하면서 어떤 미션은 실제로 누군가에게 영향을 미친다는 것을 알게 된다. 그중 하나의 미션에서, 그의 친한 친구가 실제로 위험에 처해 있음을 알게 된다. 그의 친구는 예능적인 변화로 인해 어둠 속의 비밀에 휩싸여 죽음의 위협에 처해 있었다.

- 결정적인 선택 – 이 사건을 통해 강민우는 라이프 태그의 미션을 만든 제작자가 실제로 미션의 결과에 따라 사람들을 조종하고 있다는 진실을 깨닫게 된다. 그는 미션의 제작자를 찾아 제거하기로 결심하고, 친구를 구하기 위해 예능적인 현실에서 벗어나 진실을 찾아가기로 마음먹는다.

- 최종 결전 – 강민우는 예능의 힘을 이용해 세상을 지배하려던 제작자를 이기고 현실 세계를 일반적인 상태로 되돌린다. 그러나 그의 친구는 이미 사라진 상태. 강민우는 그것이 친구의 희생이었음을 깨닫는다.

- 결말 – 강민우는 예능적인 현실에서 벗어나 진실을 찾아가기로 마음먹는다. 그의 경험을 통해 현실과 가상의

경계를 넘나들며 성장하는 이야기가 펼쳐진다.

위 대화를 통해 H가 만든 세계관과 스토리는 다음과 같다.

평화롭던 대한민국의 모든 거주지에 의문의 택배가 도착한다. 그 속에 있던 것은 트레이닝복 세트와 각자의 이름이 적힌 이름표. 그러곤 갑자기 전국에 게임이 시작되었다는 안내 방송이 울려 퍼진다. 게임에 대한 설명까지 모두 끝나자 사람들은 하나둘씩 유니폼을 착용하고 생존을 위해 움직인다. 시간이 지날수록 난이도가 높아지는 미션에 여러 예능 프로그램을 열정적으로 시청해 왔던 주인공은 다른 사람들과 힘을 합치거나 자신의 지식을 이용해 사람들을 도우며 자신뿐만 아니라 최대한 많은 이들의 생존을 위해 애를 쓴다. 그 과정에서 주인공을 중심으로 다양한 개성의 사람들이 모여 그룹을 이룬다.

그러던 어느 날, 미션을 진행하는 과정에서 누군가의 음모로 인해 주인공의 최측근이 죽게 되고 머지않아 주인공은 이 일이 게임 제작자의 짓임을 알게 된다. 이후 주인공은 죽은 동료의 복수를 위해, 대한민국의 평화를 되찾기 위해 제작자와 맞서 싸운다. 그리고 결국, 제작자를 처리하고 대한민국을 평화로운 상태로 되돌려 놓는다.

다른 학생들의 창작물에도 자기 서사가 반영되었지만, 이 점은 특히 H의 이야기에서 두드러졌다. 주인공은 H 자신의 아바타라고 볼 수 있을 정도였다. 이런 설정에 대해 H는 다음과 같이 썼다.

내가 이 작품을 통해 궁극적으로 전하고자 하는 메시지는 '즐기자'이다. 이 작품 속에서 최후의 승자가 되는 주인공 현수는 신체적으로나 정신적으로나 남들보다 우월한 점은 없다. 그러나 다른 그 누구보다 TV 프로그램 시청을 즐겼으며, 그저 보는 것에 그치지 않고 이를 분석하고 응용함으로써 스스로 자신을 성장시켰다. 나는 즐거움을 이기는 것은 없다고 생각한다. 아무리 그 누구보다 열심히 노력을 해도 노력한다는 사실 자체를 즐기는 자는 이길 수 없다. 현수의 경우에는 이러한 즐거움을 느끼는 대상이 'TV 프로그램'이었을 뿐이다. 현실에서는 이러한 취미가 있으면 앞으로의 대학 진학에, 취직에, 경제적 자립에, 풍요로운 삶에 크게 도움이 되지 않는다며 무시당하고 오히려 혼이 나지만, 결국 아무도 예상치 못한 상황에 이러한 취미가 생존에 있어서 가장 중요한 역할을 하게 되었다.

열심히 즐기다 보면 언젠가 기회는 찾아온다고 생각한다. 다만 누구보다 제대로 최선을 다해 즐기지 않는다면 그 즐거움은 단순한 쾌락으로 남을 것이다. 진심을 다해 무언가를 즐긴다면 언젠간 반드시 그 즐거움이 단순한 쾌락을 넘어 자신이 성장하는 데 도움을 줄 것이라는 메시지를 전달하고 싶었다.

H는 도덕적이고 타인을 도우려는 주인공이 대적자에 맞서 승리하는 내용은 자신이 추구하는 '권선징악'의 실현이라고도 썼다. 더불어 줄거리에 자세히 언급되진 않지만 작품에 나오는 게임은 실제 예능에서 자신이 봤던 게임이나 예능에서 다뤄졌던 게임들이고, 조력자와 대적자의 이름은 실제 친구들의 이름을 동의를 받고 사용한 것이라고 밝혔다. 작품 속 인물들에게 조금 더 친밀감을 가지고 캐릭터를 그려 나가기 위해서였다. H가 써낸 시놉시스는 짜임새 있으면서도 플롯이 탄탄하다는 느낌을 받았는데, 후기를 통해 자신이 잘 알고, 쓰고 싶은 이야기를 썼을 때 나온 힘이었음을 알 수 있었다.

어떤 창작물의 탄생에는 작가가 자기 자신과 자신을 둘러싼 세계에 대해 치열하게 고민했던 흔적과 이를 바탕으로 한 영감이 반드시 포함된다. 웹소설 창작 또한 장르적 법칙과 관습을 따른다 할지라도 그 안에 작가 나름의 서사를 녹여 내는 과정이었다. 이는 기존 순문학 창작과 다르지 않았다. 프로젝트에 참여한 아이들 스스로도 느끼고 있었다. 웹소설이라는 하나의 세계를 구성한다는 것은 자신이 어떤 사람이 되고 싶고 세상은 어떠하길 바라는지 찾아가는 일이며, 그것을 큰 맥락에서부터 디테일한 설정에 이르기까지 표현해 보는 기회라는 사실을.

진로 글쓰기의 또 다른 진화

그동안 학교에서 아이들과 진로 관련 글쓰기 수업을 할 때는 관심이 있는 진로와 연관된 분야의 책을 골라 읽고 서평을 쓰거나 탐구 보고서를 쓰는 방식으로 진행했다. 직업에 대한 정보를 토대로 구체적인 글을 써 보는 일은 매우 의미 있었으나, 직접적으로 관련된 작업에 참여해 볼 수는 없어 늘 아쉬웠다.

그런 점에서 다양한 콘텐츠 분야와 관련이 깊은 웹소설 쓰기 프로젝트는 웹소설 작가, 게임 디자이너, 표지 디자이너, 일러스트레이터, 연출가, PD, 게임 시나리오 작가

등 아이들이 관심 있는 진로 및 직업과 밀접한 콘텐츠를 실제로 생산해 보는 방법이라 유용했다. 또 그 안에서 자신의 욕망을 발견할 수 있는 시간이 되어 줬다.

웹소설과 웹툰 보는 것을 좋아하고 진로가 웹소설 혹은 웹툰 표지를 그리는 것과 관련 있다 보니 내 소설을 쓰고 싶다고 생각했는데, 이렇게 자세하게 소설의 여러 요소를 정하고 쓰면서 틀을 잡아 볼 수 있어 좋았던 것 같습니다.

웹소설 창작 초기 과정은 해 본 적 있었지만 이렇게 본격적으로 하나하나 해 보니 기분이 새롭다. 앞으로의 소설 초안 기획, 출판사 투고에도 도움이 될 것 같아 좋았다. 역시 머리로 생각하는 것보다 직접 글로 써야 내가 어떤 글을 쓰고 싶은지 그 목적이 정확해지는 것 같다.

학생들이 이 프로젝트에 지원할 때 웹소설은 콘텐츠로서의 확장성을 지닌, 경험해 보고 싶은 도구였다. 하지만 프로젝트가 끝날 무렵에는 순문학과 같이 쓰는 과정에 자기 서사를 반영하게 되는 하나의 창작물이 되었다. 아이들이 소비자에서 생산자로, 향유자에서 창작자로 자신이 서 있는 위치를 바꿔 보며 웹소설이라는 그릇 안에 담아낸 이야기와 과정들이 흥미롭고 아름다웠다.

웹소설을 문학이라는 예술로 봐야 할지, 상업적인 콘텐츠로 봐야 할지에 대한 질문이 여전히 있다. 하지만 어떤 작품이든 작가를 떠나면 독자의 것이 된다. 웹소설은 독자가 어떻게 생각하느냐에 따라 여러 빛깔을 가질 수 있는 매력적인 매체임에 분명하다.

웹소설 쓰기
프로젝트
과제 모음

✦ **1차시. 내가 좋아하는 웹소설과 콘텐츠 특징 알아보기**

1. 내가 쓰고 싶은 이야기의 주제나 소재가 있나요?

TIP 한두 문장으로 써 주세요.

----

2. 내가 쓰고 싶은 장르는?

TIP 쓰고 싶은 장르가 정해져 있지 않다면 웹소설 플랫폼(네이버 시리즈, 카카오페이지 등)에서 장르별 상위권 작품들을 적어도 무료분 25화까지 읽고, 쓰고 싶은 장르를 찾아보세요.

----

3. 지금까지 읽었던 웹소설 중에서 좋아하는 작품을 3개 이상 써 주세요.

----

4. AI(네이버 CLOVA X, 챗GPT, Bard 등) 챗봇을 이용해 내가 좋아하는 콘텐츠와 웹소설 순위 상위 작품들의 공통점을 알아봅시다.

> TIP AI 챗봇에 명령어(프롬프트)를 넣을 때는 단순한 질문보다 특정 역할을 정해 주거나 상황을 가정해 자세한 설정을 해 주세요. 그럴수록 답변의 정확도와 질이 높아집니다.

> 예 웹소설 〈전지적 독자 시점〉과 〈데뷔 못 하면 죽는 병 걸림〉, 〈닥터 최태수〉의 공통점을 말해 줘.
> → 문화평론가의 입장에서 웹소설 〈전지적 독자 시점〉과 〈데뷔 못 하면 죽는 병 걸림〉, 〈닥터 최태수〉의 공통점을 말해 줘.
> → 웹소설 〈전지적 독자 시점〉과 〈데뷔 못 하면 죽는 병 걸림〉을 좋아하는 사람이라면 어떤 소설을 쓰면 좋을까?

예시와 같이 프롬프트를 만들어서 AI 챗봇에 넣고 그 답변을 아래에 '복사 – 붙여 넣기' 해 주세요. 답변을 토대로 자신이 쓰고 싶은 내용을 구상해서 작성해 봅시다.

✦ 2차시. 챗GPT를 활용한 웹소설 쓰기 준비

1. 내가 웹소설로 쓸 장르는?

----

2. 내가 쓰고 싶은 작품의 키워드는?

TIP 키워드는 흔히 이해하고 있는 SNS 해시태그(#)와 유사합니다. 독자들은 키워드를 기준으로 본인이 좋아하는 장르와 클리셰를 찾기 때문에 작품 전체에서 보여 줄 핵심 클리셰를 키워드로 나타내야 합니다. 유사 작품들의 키워드를 참고해 봅시다.

예 〈데뷔 못 하면 죽는 병 걸림〉
#전문직 #빙의 #회귀 #천재 #노력 #성장 #가수

3-1. 내가 쓰고 싶은 장르의 세계관에 대한 문장을 생각나는 대로 자유롭게 써 봅시다.

- -

3-2. 내가 쓰고 싶은 소설의 주인공에 대해 생각나는 대로 자유롭게 써 봅시다.

- -

3-3. 세계관 설정이 어렵다면 다음의 방법을 활용해서 스토리를 잡아 봅시다.

TIP 챗GPT에 자신의 생각을 넣어 내용을 생성해 보세요. 다음과 같은 내용의 프롬프트를 참고하세요. 원하는 다른 질문이 있다면 그것을 프롬프트로 넣어도 됩니다. 자신이 넣은 프롬프트와 답변은 모두 아래에 붙여 넣고, 그 내용을 정리해 자신의 스토리를 쓰세요.

프롬프트

(예상 독자의 성별, 연령 등을 제시하고 그들이 좋아할 만한 장르를 정했다면 장르도 넣어서) 악역 이야기를 만들어 보고 싶어. 예상치 못한 어떤 인물에게 빙의하는 내용이 들어가면 좋겠어. 악역이 주인공이지만, 빙의를 통해 주인공의 새로운 면모가 드러나고 독자들이 좋아할 수 있는 비하인

드 스토리나 공감이 가는 사연이 함께 나오면 좋겠어. 이러한 내용을 담은 다섯 가지 다른 이야기의 스토리 라인을 간단히 만들어 줘.

→ (앞 질문의 답변에 대한 구체화를 요청하는 프롬프트) "세계의 진실을 알게 된 악역의 이야기"가 재미있을 것 같아. 더 상세하게 스토리를 만들어 줘.

✦ 3차시. 캐릭터 구상하기

1. 아래 캐릭터 시트 두 가지 중 하나를 활용해 작성합니다.

> 예 • 페르소나 캐릭터 매트릭스(김선민, 《백전백승 웹소설 스토리 디자인》, 허들링북스, 2022, 128쪽)
> • 캐릭터 기본 템플릿(이청분, 《챗GPT와 웹소설 쓰기》, 멀리깊이, 2023, 96~97쪽)

2. 캐릭터를 만들 때 챗GPT의 도움을 받을 수 있습니다.

> TIP 캐릭터의 성격, 외형, 특징, 말투, 배경, 주변 인물, 적대적 관계 등을 설정해 보라고 하거나 특정 상황을 주고 캐릭터의 특성에 기반한 행동 방식 및 대사를 만들어 보도록 할 수 있습니다.

> 프롬프트
> • 망해 가는 아이돌의 막내로 회귀한 탑 티어 아이돌의 성격과 능력치를 추천해 줘.
> • 탑 티어 아이돌의 리더였던 주인공이 망해 가는 아이돌의 막내로 빙의해서 그 그룹을 키워 내야 할 때 필요한 조력자 캐릭터들을 설정해 줘.
> • 망해 가는 아이돌의 막내는 어떤 외모와 성격이면 좋을지 다섯 가지 안을 만들어 줘.
> • 망해 가는 아이돌을 탑 티어로 성장시키는 과정에서 만날 수 있는 적대적 인물을 10명 추천해 줘. 그 인물들과의 사건이나 갈등을 스토리로 만들어 줘.

챗GPT를 활용한 경우 질문과 답변의 내용을 아래에 모두 붙여 넣기 해 주세요.

✦ 4차시. 대적자·조력자 만들기

캐릭터를 정리하고 웹소설 구조를 분석하세요.

1. 3차시에서 만들었던 캐릭터, 혹은 챗GPT를 통해 구상한 캐릭터를 정리해 봅시다.

> TIP 주인공, 대적자, 조력자 캐릭터를 각각 구체적으로 정리하세요.

• 주인공: --

• 대적자: --

• 조력자: --

2. 자신이 즐겨 읽었던 웹소설 중 하나를 골라 구조를 분석해 봅시다.

> TIP 웹소설의 제목·주인공·대적자·조력자를 쓰고, 어떤 이유에서 주인공·대적자·조력자인지 간단히 설명하세요. 또한 이 소설은 어떤 점에서 단선 플롯 구조를 가지고 있다고 볼 수 있는지 설명하세요.

• 웹소설 제목: --

• 주인공: --

• 대적자: --

- 조력자: _____

- 주인공과 대적자의 갈등 구조: _____

- 단선 플롯 구조 유무: _____

✦ 5차시. 중심 사건과 시놉시스 만들기

중심 사건을 기록하고 시놉시스를 완성해 봅시다.

1. 중심 사건

TIP 소설의 처음, 중간, 끝을 나눠 개략적으로 정리하면 됩니다.

2-1. 등장인물

- 주인공: _____

- 대적자: _____

- 조력자: _____

2-2. 줄거리

2-3. 로그라인

2-4. 제목

TIP 자신이 구상한 제목이 있다면 쓰고, 제목을 만들기 어렵다면 챗GPT
에 다음의 순서로 프롬프트를 넣어 보세요. 프롬프트 1을 넣고 답변을 받은 후, 프롬프트 2를 넣으면 됩니다. 질문과 답변은 아래에 모두 붙여 넣고, 자신이 다듬거나 선택한 최종 제목을 쓰세요.

프롬프트 1

아래는 최근 한국에서 인기 있는 웹소설들의 제목이야.

'(자신이 쓴 웹소설 장르 카테고리에서 인기 순위에 있는 작품 10개의 제목. 예를 들어, ▶〈대기업 말단이 일을 잘함〉 ▶〈오늘만 사는 기사〉 ▶〈데뷔 못 하면 죽는 병 걸림〉 ▶〈화산귀환〉 ▶〈게임 속 바바리안으로 살아남기〉 ▶〈전지적 독자 시점〉 ▶〈재벌집 만렙 아들〉 ▶〈아포칼립스에 집을 숨김〉 ▶〈나 혼자 탑에서 농사〉 ▶〈천재 무림 트레이너〉).'

프롬프트 2

다음 시놉시스를 참고해서 앞서 제시한 제목들 같은 제목을 10개 만들어 줘.

'(자신이 쓴 시놉시스의 줄거리를 넣을 것).'

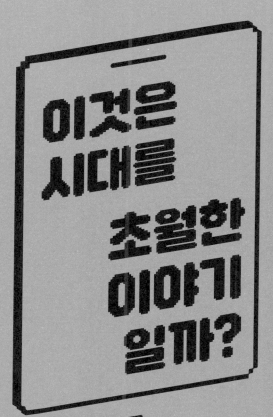

이것은 시대를 초월한 이야기 일까?

토의 질문으로
탐색하는

고전소설의 가치와
웹소설의 미래

06

강혜원
인천청라고등학교

#고전

#질문

#비판적읽기

#재창작

웹소설은 낯설고
고전소설은 지루해

몇 년 전 〈전지적 독자 시점〉이라는 웹툰을 발견했다. '문학적인 내용인가?' 하며 기대를 가지고 클릭했으나 프롤로그부터 괴물이 등장해서 놀랐다. 첫 화의 댓글을 확인하니 원작 웹소설이 웹툰화된 것에 대한 감격이 가득했다. 웹소설의 존재는 알고 있었지만 읽은 적은 없어서 호기심을 가지고 웹소설로 가는 링크를 눌렀다.

곧 스마트폰 화면 가득히 글자가 찼고, 나는 굉장히 당황했다. 맨 먼저 눈에 띈 것은 형식적인 낯섦이었다. 왜 문장마다 문단을 나누는 거지? 비슷한 내용은 한 문단 안에 넣고 싶다는 국어 교사의 강박이 발동했다. 상태창, 레벨, 미션 같은 게임 요소가 등장하는 것도 어색했다. '소설이 이래도 되는 거야?'라는 거부감이 들었다.

그런데 나의 경우 웹소설뿐 아니라 고전소설에 대한 거부감도 있었음을 고백하고 시작해야겠다. 부끄럽게도 나는 국어 교사지만 고전소설을 싫어했다. 고전소설은 '지루하고 다 비슷비슷하며 현실과 동떨어진 이야기'로 느껴졌기 때문이다. '왜 고전소설을 가르쳐야 하는가?'라는 질문에 '우리나라의 문학이니까'라는 대답밖에 할 수 없었다.

고전소설보다 현대소설을 읽는 것이 학생들이 살면서 마주할 문제를 해결하는 데 도움이 된다고 생각했다. 단순 문제 풀이식 강의에서 벗어나기 위한 수업을 시도해 봐도 고전소설에 대한 흥미가 깊어지지는 않았다.

하지만 2024년 6월, 나는 고전소설과 웹소설을 엮어 읽는 수업을 진행했다. 그리고 두 장르에 대한 생각을 다시 정립했다. 지금부터 그 이야기를 해 보려 한다.

고전소설과 웹소설이 비슷하다고?

우연히 읽게 된 〈전지적 독자 시점〉은 강력한 힘을 가진 주인공 '김독자'가 멸망 이후의 세계에서 살아남는 먼치킨 판타지였다. 마침 '고전 읽기' 과목을 맡고 있어서였는지, 자신의 힘을 발휘해 세상을 구하는 김독자의 모습이 보면 볼수록 고전 영웅소설의 주인공과 비슷하게 느껴졌다.

고전소설은 먼 과거의 소설이고, 웹소설은 가장 최신의 소설이니 극과 극이라고 생각할 수 있다. 그러나 고전소설도 처음 등장할 때는 새로웠다. 지금 우리가 웹소설에 느끼는 충격은 조선시대 사람들이 고전소설을 보고 느꼈을 충격과 비슷하지 않을까. 웹소설과 고전소설은 모두 대중의 관심사와 욕망을 반영함으로써 독자에게 대리만족을 제공하며 인기를 얻었다. 또 상업적으로 활발히 유통되고 하나의 작품이 유행하면 그와 비슷한 작품이 다수 생겨난다. 영웅소설과 헌터물[1]은 먼치킨형 주인공이 등장한다는 점에서, 애정소설과 로맨스 혹은 로맨스 판타지물은 사랑을 주제로 한다는 점에서, 《흥부전》과 기업물[2] 현대 판타지는 돈이 중요한 제재로 다뤄진다는 점에서 서로 닮았다. 또 웹소설에 자주 등장하는 환생 코드는 《구운몽》에서 이미 등장하지 않았는가? 대체 역사물의 상상력은 《박씨전》《임경업전》 등에서 역사를 바꿔 아픔을 설욕하려 했던 상상력과 유사하다.

이렇게 생각하니 웹소설이 낯설게 느껴지지만은 않았다. 고전소설과 웹소설을 엮어 읽어 보겠다는 계획을 세웠다. 두 소설을 통해 과거와 현재를 비교하고, 공통된 주제를 발견한다면 인류의 지속적인 관심사를 담고 있는 고전소설의 가치를 확인할 수 있으리라 기대했다. 고전 읽기는 교과서가 없어서 교사의 재량이 보장되는 데다 평가의 부담이 적어 수업을 진행하기에 적합했다. 일단 아이들에게 평소에 고전소설을 어떻게 생각했는지부터 물었다.

"어렵고 지루해요."

"재미없어요. 다 똑같아요."

예상대로 학생들은 시큰둥했다. 역시 다 비슷한 생각을 하고 있군, 하며 웹소설 이야기를 슬쩍 꺼냈다.

"이건 비밀인데, 샘도 고전소설에 별다른 흥미를 못 느껴. 혹시 웹소설에 대해서는 어떻게 생각해?"

"그건 좀 B급 문화 아니에요? 유치하잖아요."

"샘도 그렇게 생각했었어. 그런데 막상 읽어 보니까 괜찮은 소설도 꽤 있더라고. 또 고전소설과 웹소설이 정말 달라 보여도, 은근 비슷한 점이 많았어. 그래서 이제부터 고전소설과 웹소설을 엮어 읽을 거야. 어떨 것 같아?"

몇몇 아이들은 눈을 빛냈지만, 그날 수업 설문에는 '고전소설과 웹소설을 엮어 읽는다니 무슨 뚱딴지같은 소린가' 하는 반응이 대다수였다. 사실 나 또한 성공을 장담할 수 없었다. 그러나 학생들과 함께라면 해낼 수 있을 것 같았다. 웹소설이라는 새로운 문학에 부딪쳐 보기로 했다.

웹소설과 친해져 보자
[1~4차시] 웹소설의 특징 이해하기

웹소설과 친해지는 것이 우선이었다. 생각보다 웹소설을

읽는 학생이 한 반에 2~3명 정도로 적었기 때문이다. 두 시간가량 자유롭게 웹소설을 읽게 했다. 웹소설을 처음 읽는 학생들은 내용이 낯선지 픽픽 웃었지만 금방 집중했다. 초반엔 글이 읽기 싫어서 웹툰을 보겠다는 학생이 꽤 많았는데, 다 읽고 나자 오히려 웹툰보다 더 많이 상상해야 해서 몰입감이 있었다는 반응이 많았다.

다음으로는 웹소설만의 내용적(인물, 배경, 주제), 표현적(제목, 문장 길이, 서술 방식, 편수), 형식적(감상 방법 및 장소, 창작 및 수용 주체 간 소통 방식) 특징을 10개 이상 적도록 했다. 읽은 지 얼마 되지 않았지만 워낙 새로운 형태의 소설이다 보니 다들 쉽게 해냈다.

학생들이 적은 내용은 한 장으로 정리해 나눠 줬다. 그리고 사회·문화적 배경을 바탕으로 웹소설의 특징을 분석해 보는 활동을 진행했다. 웹소설은 스마트폰에 기반한 가벼운 콘텐츠를 소비함으로써 대리만족을 추구하는 사회·문화적 맥락이 반영된 장르임을 설명하는 자료[3]를 제공한 후 다음 질문에 답하도록 했다. 웹소설에 현대인의 욕망이 반영되어 있음을 이해하고, 웹소설 읽기가 매체 면에서 다른 소설 읽기와 구분되는 지점을 살펴보게 하기 위해서였다.

1. 내가 읽은 웹소설에 웹소설의 특징이 어떻게 드러나 있는지 설명해 보자. 또 웹소설이 그러한 특징을 가지게 된 이유를 현대인의 욕망과 연관 지어 분석해 보자.

〈전지적 독자 시점〉의 주인공인 김독자는 〈멸망한 세계에서 살아남는 세 가지 방법〉을 읽은 유일한 독자인데, 어느 날 〈멸살법〉 내용이 현실이 되었다. 그래서 남들보다 우월한 위치에서 위기를 헤쳐 나간다. 고난과 역경을 겪지만 강력한 능력을 바탕으로 극복해 나간다는 점에서 먼치킨형 주인공의 특징이 드러나 있다. 〈전독시〉에는 레벨, 상태창, 아이템, 스킬 등 게임적 요소도 등장한다. 김독자가 시나리오를 해결하며 스킬을 강화하고 레벨을 올리고 아이템을 사는 등 '노력-성장-보상'을 반복하는 것은 김독자의 성장을 실시간으로 보여 준다. 웹소설의 독자는 실제 게임 캐릭터를 키우는 것처럼 주인공에 몰입할 수 있다.

웹소설이 이러한 특징을 가지게 된 이유는 현대 사람들의 취향과 욕망이 반영되어서인 것 같다. 사람들은 현실이 지치고 힘들기 때문에 웹소설로 사회에 대한 불만과 스트레스를 해소하고 대리만족을 얻는 듯하다.

2. 웹소설의 베스트 댓글과 대댓글을 살펴보고, 웹소설의 놀이 문화를 보여 주는 댓글을 찾아보자. 또한 해당 댓글을 통해 알 수 있는 웹소설 읽기의 특징에 대해 이야기해 보자. (기존 소설을 읽을 때와 비교해 볼 것.)

〈나 혼자만 레벨업〉의 개미 병사 '베르'는 주인공 '성진우'의 그림자 병사다. 싸울 때는 강력한 적이었으나 주인공에게 패배한 후 누구보다 충성도 높은 수하가 된다. 과도한 사극 말투와 행동으로 개그 캐릭터를 담당하는 베르를 닉네임으로 설정한 한 독자는, 소설 속 캐릭터에 빙의해 똑같은 말투("내가 나왔어… 내가 나왔다구! 왕이시여!!!")를 시전하고 개미 사진을 프로필에 올려 다른 독자들과 공감대를 형성하며 베스트 댓글이 되었다. 작품을 중반까지 본 사람이라면 이 댓글에 웃음이 터질 수밖에 없다.

4000개가 넘는 추천 수에서 볼 수 있듯이, 독자들은 개미 병사 베르가 어떤 캐릭터인지 알고 있다는 공통점을 바탕으로 강한 유대감과 소속감을 갖게 된다. 이는 소설 보는 재미를 배가시키는 효과를 낸다. 소설을 혼자 읽을 때는 느낄 수 없는 즐거움이다. 특히 베스트 댓글을 보면 독자들이 무엇에 즐거워하는지 직관적으로 알 수 있어 작가에게도 도움이 된다. 댓글 소통은 웹소설만의 독특한 특징으로, 이젠 하나의 놀이 문화로 자리 잡고 있다.

이 학생은 〈전지적 독자 시점〉에서 먼치킨 코드와 게임적 요소를 활용해 '사이다'를 부여하는 방식을 잘 찾아냈고, 웹소설의 댓글이 소속감과 유대감을 줄 수 있는 행위임을 발견해 냈다. 또 다른 학생은 'ㅊㄱㅍ(책갈피)'라는 대댓글을 남기고 그것을 '내가 쓴 댓글' 기능으로 모아 보는 '책갈피 댓글 문화'와 웹소설의 다음 회차를 읽고 온 '선발대'가 댓글로 내용에 대한 평가와 추천 여부를 남기는 '선발대 댓글 문화'가 독자끼리 감상을 공유하는 행위라는 점을 이야기했는데, 이런 답변은 교사가 제공한 자료에 없는 내용이라 인상적이었다. 고전소설이나 현대소설의 특징을 분석할 때와 달리, 웹소설의 사회·문화적 배경 및 매체적 특징을 직관적으로 이해하고 있는 듯했다.

조선시대 사람들도 '사이다'를 좋아했네요!

[5~8차시] 고전소설의 매력

웹소설과 어느 정도 친해졌으니, 본격적으로 고전소설과 웹소설을 엮어 볼 시간. 다양한 조합을 시도해 보기 위해 조별로 서로 다른 고전소설을 선택해 읽게 했다. 학생들은 소설을 읽기 전 역할(줄거리 정리, 주인공 분석, 주변인 분석, 배경 및 세계관 분석)을 정하고, 각자의 역할에 따라 내용을 마인드맵에 정리했다.[4] 마인드맵을 완성한 후에는 자신이 맡은 부분을 조원들에게 설명하고 함께 보충했다. 나는 조별로 돌아다니며 오개념이 없는지 살펴보고 피드백했다. 기본 내용 정리가 끝나면 고전소설을 심층적으로 이해할 수 있는 자료[5]를 읽고, 고전소설의 인기 요인을 분석해 보라고 했다.

"시대가 다르지만 다 똑같은 사람이야. 옛날 사람들이 고전소설을 읽는 거랑 우리가 지금 웹소설 읽는 거랑 비슷한 거지. 당시 사람들이 고전소설의 어떤 대목에서 대리 만족을 느꼈을지 생각해 봐."

"오, 《흥부전》에도 제비랑 박이라는 판타지 요소가 등장하는구나. 흥부가 부자 되는 거랑 〈재벌집 막내아들〉에서 진도준이 분당 땅 사는 거랑 똑같은 거네."

"여기 놀부가 거지 되는 장면 보고 겁나 속 시원했겠네."

"조선시대 사람들도 사이다를 좋아했네요!"

학생들은 이 활동을 흥미로워했다. 고전소설을 웹소설과 유사한 것으로 이해하자, 고전소설의 내용을 보다 가깝게 느낄 수 있게 된 것이다. 그동안 아이들이 고전소설을 지루하고 재미없게 느꼈던 건 작품이 전달하는 주제나 교훈을 중심으로 이해하도록 가르쳐 왔기 때문일지도 모른다는 생각이 들었다. 《흥부전》의 주제를 '권선징악' '탐욕에 대한 경계'라는 교훈으로 두는 것은 소설이 계도적인 목적으로 쓰인 듯한 인상을 주기 때문에 이미 시대적 거리가 존재하는 고전소설을 우리와 더욱 동떨어진 것으로 여기게 한다. 하지만 《흥부전》의 주제를 '나쁜 사람을 징벌하고 자신에게 일확천금의 행운이 오기를 바라는 당대인의 소망'으로 보는 것은 고전소설을 우리가 지금 즐기는 콘텐츠와 같은 위치로 가져다 놓는다. 이러한 관점의 변화만으로 학생들이 고전소설을 좋아하게 할 수는 없겠지만, 고전소설에 흥미를 가지는 시작점이 될 수는 있지 않을까.

그 후 고전소설의 내용 중 지금의 관점에서 봤을 때 아쉬운 점을 바탕으로 토의할 질문을 만들었다. 주로 고전소설 속 인물의 행동을 평가하고, 소설이 전달하는 교훈의 현대적 의미를 고민하는 질문들이었다.

《흥부전》

- 흥부는 가난하지만 자식을 28명이나 낳는다. 책임감 있는 아버지라고 할 수 있을까?
- 현대에 흥부와 같은 사람이 있다면 정말 착한 사람이라

고 할 수 있을까?

- 《흥부전》의 교훈이 현대에는 어떻게 적용될 수 있을까?

《박씨전》

- 왜 박씨가 탈을 벗고 예뻐지는 설정을 넣었을까?
- 왜 박씨는 힘이 있음에도 불구하고 집에서 싸울까?

다만 웹소설과 고전소설의 내용 및 시대적 특징을 비교하는 활동을 위한 사전 작업이라 질문에 대한 답을 함께 찾아보지는 않았다. 고전소설 개별 작품에 대해 심층적으로 학습하지 못해 아쉽다.

"약한 사람들이 먼저 죽는 것은 마땅할까?"
[9~12차시] 비판적으로 읽는 웹소설

아직 갈 길이 멀었다. 고전소설과 웹소설의 연결 고리가 되는 질문을 찾아야 했다. 조별로 선택한 고전소설의 범주 내에서 웹소설을 고르게 했다. 영웅소설을 읽은 조는 헌터물

중에서, 애정소설을 읽은 조는 로맨스물 중에서만 선택하도록 한 것이다. 선택한 작품을 25화까지 읽은 후에는 고전소설을 읽었을 때와 마찬가지로 맡은 역할에 따라 마인드맵을 만들고 조별로 보완하게 했다. 웹소설은 회차별로 소제목이 있으므로 소제목마다 줄거리를 정리하고, 해당 웹소설만의 특별한 배경이나 설정을 분석하는 데 중점을 두라고 안내했다.

다음으로 학생들은 웹소설의 인기 요인을 분석하고 토의할 질문을 만들었다. 활동 전에는 웹소설의 쉽고 자극적인 내용에서 토의할 거리를 발견할 수 있을지 의문이었지만, 예상과 달리 잘 찾아냈다.

〈전지적 독자 시점〉
- 내가 김독자처럼 세계의 결말을 알고 있다면 어떤 식으로 행동할 것인가?
- 내가 이 세계에 있다면(지하철에서 첫 번째 미션을 받았다면) 나는 어떻게 행동할까?
- 약한 사람들이 먼저 죽는 것은 마땅할까?
- 중간 과정이 비도덕적일지라도 최종 목표가 대의를 위한 것이라면 그 행동은 옳은가?

〈나 혼자만 레벨업〉

· 내가 성진우였다면 세계를 구할까, 혼자만 잘 살까?

· 성진우는 왜 주변 인물과 힘을 합치지 않고 혼자서 모든 것을 짊어지려 할까?

· 힘으로 권력이 정해지는 세계가 옳은가?

〈재벌집 막내아들〉

· 내가 과거로 돌아간다면 어떤 일을 할까?

· 자신이 미리 알고 있는 지식으로 다른 사람의 부를 뺏는 것은 정당한가?

· 과거로 돌아갔으니 순양그룹이 윤현우를 죽이는 일은 일어나지 않는데 윤현우가 복수를 하는 것은 정당한가?

〈악역의 엔딩은 죽음뿐〉

· 자신이 원하는 것을 얻기 위해 다른 인물의 속마음을 보고 이용하는 것은 정당한가?

· 왜 악역이 주인공이 되는 스토리가 유행할까?

질문들은 크게 '나라면 어떻게 했을 것인가'와 '주인공의 행동 및 세계관이 옳은가'로 나뉘었다. 첫 번째 질문

유형을 보면 학생들이 웹소설을 읽으며 인물과 자신을 동일시했음을 알 수 있다. 고전소설을 읽은 후 만든 질문에 '나였다면'이라는 가정이 없는 것과 대조적이다. 웹소설은 가상의 공간에서 일어나는 실현 불가능한 일을 다루고 있어 공감하기 어렵다고 생각할 수 있다. 하지만 학생들은 웹소설의 설정에 쉽게 몰입했다. 현대적인 가치관에 기반하고, 평범한 사람을 주인공으로 삼아서가 아닐까 추측한다.

두 번째 질문 유형에서는 학생들이 인물의 행동과 세계관의 정당성에 의문을 가졌음을 볼 수 있다. 사실 아이들이 웹소설을 읽으면 웹소설의 문제 해결 방식을 보고 무의식적으로 올바르지 않은 가치관을 갖게 될까 봐 걱정했다. 예를 들어 〈전지적 독자 시점〉을 무비판적으로 읽는다면 힘이 약한 사람이 도태되는 것은 당연하다는 논리를 내면화할 수 있다. 그러나 학생들은 웹소설을 맹목적으로 수용하지 않았다. 인물의 선택이 정당한지, 약육강식의 세계가 옳은지 고민했다.

우리가 소설을 읽는 이유는 또 다른 내가 되어 새로운 세계를 경험함으로써 나와 타인, 그리고 내가 살고 있는 곳에 대한 이해를 확장하기 위해서다. 그런 점에서 웹소설 읽기는 충분한 독서 경험이 되어 줬다. 독자가 인물의 상황에 자신을 대입하게 하고, 자신의 선택과 선택의 근거를 고민하며, 자신을 둘러싼 세계를 더 깊이 이해할 수 있게 하는 계기였다. 물론 모든 학생이 웹소설에 내재한 가치관을 비판하는 질문을 만든 것은 아니다. 그렇기에 웹소설에 숨겨져 있는 논리를 파헤치고 비평하는 수업이 더욱 필요하겠다는 생각이 들었다.

"불공평한 조건에서의 성취는 공정할까?"

[13~18차시] 고전소설과 웹소설을 관통하는 질문 찾기

고전에 대한 수많은 정의가 있지만, 나는 학생들에게 '고전은 시간이 흘러도 유의미한 질문을 던지는 작품'이라고 설명해 왔다. 고전소설과 웹소설을 관통하는 질문이 있다면 그것은 조선시대부터 지금까지 이어져 오는 인류의 공통 관심사를 담고 있을 것이다. 학생들이 그런 질문을 발견해 고전소설에 변치 않는 보편성이 있다는 사실을 확인할 수 있길 바랐다.

앞선 차시에서 만든 마인드맵들을 바탕으로 고전소설과 웹소설을 비교하는 활동을 먼저 했다. 두 소설의 공통점과 차이점으로 유추할 수 있는 당대 사회의 가치관을 찾아보라고 강조했다. 다음은 인물의 특성을 분석한 조의 답안이다. 《유충렬전》과 〈전지적 독자 시점〉은 모두 주인공의 영웅적 면모를 통해 독자에게 즐거움을 주지만, 〈전지적 독자 시점〉은 《유충렬전》과 달리 '평범한 사람도 영웅이 될 수 있다'는 점에서 대리만족을 제공한다는 것을 짚어냈다.

공통점

영웅적 면모

차이점

- 《유충렬전》: 선한 주인공, 천상계 인물, 원래 능력 뛰어남, 유교적 가치관, 최종 목표는 악인을 무찌르고 천자의 인정을 받는 것.
- 〈전지적 독자 시점〉: 이해타산적 주인공, 원래는 평범했으나 〈멸살법〉을 읽었기 때문에 지식을 갖고 있음, 현재 목표는 시나리오에서 살아남기, 최종 목표는 세상 구하기.

당대 사회의 가치관

과거 사람들은 선하고 유교적인 가치관을 따르는 사람을 좋아했고 임금의 인정을 받는 것을 최고의 목표로 삼았다. 반면 현대 사람들은 마냥 착한 것보다 이해타산적이며 감정에 휘둘리기도 하는 인간적인 면모를 보이는 사람을 선호한다. 또한 누군가의 인정을 바라지 않으며, 원래부터 능력이 뛰어난 것이 아니라 평범했던 사람이 힘을 얻게 되는 내용을 통해 누구나 영웅이 될 수 있다는 대리 만족을 준다.

이후 고전소설과 웹소설을 관통하는 질문을 발견해 보도록 했다. 이 수업에서 가장 의미 있고 중요한 부분이라고 생각했다. 학생들은 조별로 인간이 보편적으로 추구하는 가치나 삶의 방식에 대해 묻는 질문을 찾고, 개별적으로 답변했다. 머리말에는 자신의 조가 만든 질문을 소개한 후 그 질문을 만든 이유를 쓰고, 본문에는 고전소설과 웹소설을 바탕으로 해당 질문에 대한 답을 각각 제시했다. 자신이 생각하는 답은 꼬리말에 썼다.

답을 찾을 때는 작품의 구절에 드러난 작가의 관점에 주목하라고 이야기했다. 예를 들어 '진정한 사랑은 무엇인가'라는 질문에 답한다면 각 작품에서 주인공이 어떤 과정을 거쳐 사랑을 이루는지, 서술자는 사랑이 이뤄지는 과정과 등장인물의 행동 등을 어떻게 묘사하는지 살펴보라고 했다. 다음은 《흥부전》과 〈재벌집 막내아들〉을 관통하는 질문에 대한 답이다.

고전소설	《흥부전》	웹소설	〈재벌집 막내아들〉
질문	불공평한 조건에서의 성취는 공정한가?		

우리 조는 《흥부전》과 〈재벌집 막내아들〉을 읽고, 두 작품을 엮어 읽는 질문으로 '불공평한 조건에서의 성취는 공정한가?'를 만들었다. 《흥부전》에서 놀부가 흥부를 내쫓고 유산을 모조리 독식해 흥부는 아무리 일해도 돈을 벌기 어려웠다는 점, 〈재벌집 막내아들〉에서 진도준 (자아는 윤현우)이 미래의 정보를 알고 미리 행동, 선택한 점을 보고 '이 것이 공정한 경쟁이라고 할 수 있을까?'라는 의문이 들었기 때문이다.

《흥부전》은 이 질문에 대해 공정하지 않다는 생각을 전달하는 것 같다. 흥부가 돈을 벌기 위해 고통받는 장면을 계속 보여 주고, 착하게 산 흥부는 박에서 금은보화를 받지만 나쁘게 살며 흥부의 얘기를 듣고 더 욕심을 부린 놀부는 벌을 받기 때문이다. 《흥부전》은 돈이 점점 중요하게 여겨지는 사회에서 잘사는 사람들은 계속 잘살고, 못사는 사람들은 계속 못사는 것에 대해 비판하고 싶었던 게 아닐까.

〈재벌집 막내아들〉에서는 윤현우가 진도준이라는 재벌집 막내아들로 회귀해 과거의 기억을 가지고 진양철에게 도움을 줘서 승승장구하며 살아간다. 진도준은 재벌집에서 태어나 돈을 쉽게 벌 수 있었으나, 윤현우는 세탁소집 아들이라 노예처럼 일해도 돈을 벌기 어려웠다. 이 작품에서는 진도준도, 진도준으로 회귀한 윤현우도 위기 없이 계속해서 목표를 이루기 때문에 불공평한 조건에서의 성취도 공정하다는 작가의 생각이 드러나는 것 같다.

나는 조건이 동일하지 않고 유리한 지점에서 먼저 시작해 얻은 성취는 공정하지 않다고 생각한다. 사람들이 처음 사업이나 경영을 할 때 밑바닥에서부터 시작하는 경우가 대부분이기 때문이다. 이 질문에 답하며 공정함에 대해 생각했다. 불공정한 조건에서 시작하는 것이 나에게는 유리할지 몰라도 다른 사람에게는 의욕 상실이나 좌절감을 안겨 줄 수도 있다는 것을 생각해 보게 되었다.

이것은 시대를 초월한 이야기일까?

이 학생이 속한 조는 《흥부전》과 〈재벌집 막내아들〉이 모두 '돈'을 중심으로 한 이야기라는 점을 넘어서 흥부와 놀부, 윤현우와 진도준 간에 불공평한 조건이 존재함을 발견했으며, 그것을 기반으로 창의적인 질문을 만들었다. 학생 또한 소설의 장면과 서술자가 인물을 바라보는 태도 등을 고려해 각 작품 속에서 질문에 대한 답을 잘 찾아냈다.

권선징악과 일장춘몽을 넘어서
웹소설이 보여 준 고전의 가치

다만 이 활동은 많은 부분에서 부족했다. 첫 번째 아쉬움은 내가 질문의 방향을 잡아 주지 못했다는 점이다. 필요한 건 '작품을 관통하는 질문이되, 두 작품을 통해 각각 답을 찾을 수 있는 질문'이었다. 예를 들어 《홍길동전》과 〈전지적 독자 시점〉을 두고 '진정한 영웅이란 어떤 사람인가'라는 질문을 만들었다면 그 답은 홍길동과 김독자의 모습에서 찾을 수 있다. 그런데 학생들이 만든 질문에는 '우리는 왜 영웅 이야기를 좋아하는가'와 같이 작품 바깥에서 근거를 찾아야 답할 수 있는 것이 많았다. 추가 자료 탐색 없이는 답변하기 어려웠으며, 이끌어 낸 답 또한 '대리만족을 얻을 수 있기 때문이다'에 머무를 수밖에 없었다.

두 번째는 일부러 서로 다른 작품을 선택하게 했음에도 불구하고 질문들이 거의 비슷했다는 점이다. 특히 영웅소설과 애정소설을 선택한 조에서는 '진정한 영웅/사랑이란 무엇인가' '우리는 왜 영웅/사랑 이야기를 좋아하는가'와 같은 질문을 주로 만들었다. 나조차도 새로운 질문이 떠오르지 않아 수업이 끝난 후 챗GPT에 물었다. 혼자 생각할 때는 이미 나온 질문에서 벗어나기 힘들었는데, 챗GPT는 다각화된 질문을 만들어 줬다. 다음은 챗GPT와의 대화를 통해 얻어 낸 질문[6]과 학생들이 만든 질문을 합한 것으로, 밑줄 친 부분이 학생들의 질문이다.

《홍길동전》과 〈전지적 독자 시점〉

✦ <u>진정한 영웅이란 어떤 사람인가?</u>

✦ 좋은 리더십이란 무엇인가?

✦ <u>정의란 무엇인가?</u>

✦ 힘이 있는 사람은 능력을 사회적으로 사용해야 하는가?

✦ 사회적 책임과 개인적 욕망 사이에서 어떻게 균형을 잡아야 할까?

《춘향전》과 〈악역의 엔딩은 죽음뿐〉

✦ 진정한 사랑은 무엇인가?

✦ 사랑의 진정한 가치는 무엇인가?

✦ 사랑은 어떻게 사람을 변화시키는가?

✦ 사랑은 신분이나 사회적 지위를 초월할 수 있는가?

《흥부전》과 〈재벌집 막내아들〉

✦ 불공평한 조건에서의 성취는 공정한가?

✦ 불평등한 사회 구조 안에서 개인의 성공은 얼마나 공정한가?

✦ 우리는 돈과 어떤 관계를 맺어야 하는가?

✦ 행복의 조건은 무엇인가?(부귀와 공명은 진정한 행복을 가져

　다주는가?)

✦ 사회적 지위와 재산이 개인의 행복에 미치는 영향은 무엇인가?

《최척전》과 〈전지적 독자 시점〉

✦ 전쟁, 멸망 등의 극한 상황에서 우리는 어떻게 살아가야 하는

　가?

✦ 극한 상황에서 인간성은 어떻게 유지될 수 있는가?

　질문을 만드는 과정은 아쉬움이 많았지만, 추후 있었
던 수업 설문에서 아이들은 고전소설과 웹소설을 엮어 읽

는 활동이 고전소설만을 제재로 공부할 때보다 의미 있었다고 이야기했다. 과거와 현재가 대비되어 각 시대의 특징과 가치관, 변화한 지점 등을 더욱 명확하게 이해할 수 있었다는 것이다.

처음에 고전소설과 웹소설을 같이 읽고 비교해 본다는 말을 들었을 때는 '별로 관련도 없어 보이는데 무슨 의미가 있을까?'라는 생각이 들었다. 특히 고전소설은 대부분 권선징악이라는 결말로 끝이 나는 고리타분한 이야기이며, 시험을 보기 위해 읽는 것이라고 생각해서 현대를 살아가는 우리에게는 별로 의미가 없을 거라고 여겼다. 하지만 두 소설은 생각보다 많은 공통점이 있었다. 이를 통해 과거 사람이나 현대 사람이나 모두 같은 인간이며, 고전소설과 현대소설이 별로 다르지 않다는 생각이 들었다. 또 고전소설에서는 '부귀영화는 모두 덧없다'는 결말을 통해 예전 사람들이 어떤 가치관을 가지고 있었는지 보여 주는데, 이 가치관은 부귀영화를 누리기 위해 살아가는 현대의 사람들에게 '부귀영화가 정말 중요할까?'라는 질문을 던진다. 시대적으로 큰 차이가 있어도 고전소설은 우리에게 유의미한 질문을 하고 있다.

아이들은 고전소설의 가치를 새로이 인식했다. 고전소설이 인류 공통의 관심사에 관한 질문을 던지고 있고, 그 질문을 통해 우리가 중요하다고 믿는 가치가 정말 중요한지 고민해 볼 수 있다는 점을 깨달았다.

고전을 읽는 이유는 현대와 엮어 새로운 의미를 창출해 내기 위해서다. '고전소설에서 추출할 수 있는 삶과 죽음, 문제의식 등은 현대인에게도 유용한 토론거리이며, 고전이 지금 우리가 고민해야 하는 문제를 담고 있다는 점에 주목해 그 본질을 찾아내는 독서를 할 때 고전소설은 우리와 가까워진다.'[7] 웹소설은 이러한 접근을 가능하게 하는 통로로서 고전소설의 의의를 선명하게 드러내 준다.[8]

웹소설도 고전이 될 수 있을까?
[19~20차시] **고전의 조건**

고전소설과 웹소설을 함께 읽은 이유는 두 장르를 둘러싼 맥락이 비슷하기 때문이었다. 그렇다면 웹소설 역시 미래에 고전으로 인정받을 수 있을까? 아이들과 같이 이 질문에 답해 보기로 했다. 그 과정에서 학생들이 고전의 특징을 파악하고 웹소설의 가치를 평가하며 '좋은 작품이란 무엇인가'에 대해 고민할 수 있기를 바랐다.

수업을 준비하기 위해 여러 자료를 찾던 중, 한 논문[9]을 발견했다. 독자가 어떻게 바라보느냐에 따라 웹소설의 가치가 달라질 수 있으며, 당대 지식인에게 비판받았던 조선시대 소설이 오늘날 고전으로 인정받는 문화적 경험과 맥락이 웹소설에서 다시 재현되고 있다는 주장을 담고 있었다. '웹소설을 고전으로 볼 수 있는가'라는 질문을 제기하는 글로 적당했다. 교육과정에 언급된 고전의 정의와 논문 일부를 아울러 제시하고, 자신이 읽은 웹소설 작품을 근거로 웹소설이 고전이 될 수 있는지 생각해 보는 활동을 마련했다.

웹소설의 가치에 대해 부정적으로 다루고 있는 자료는 찾기 어려웠다.[10] 곰곰이 생각하다 '웹소설은 고전이 될 수 있다/없다'의 세부 쟁점은 '웹소설이 고전의 조건을 충족하고 있느냐'라는 것에 초점을 맞췄다. 챗GPT의 도움을 받아 '인류의 보편성과 지혜가 녹아 있는가' '예술적 완성도가 있는가' '후대에 영향을 미칠 수 있는가' '교육적 가치가 있는가' 등의 기준을 간략히 제시했다. 이 기준을 근거로 주장을 보강하라고 안내해 균형 잡힌 답변이 나오도록 했다.

'웹소설은 고전이 될 수 없다'고 주장한 학생들은 작가의 역량을 강조했다. 시대와 문화의 한계를 넘어선 사유나 교훈적 가치가 없고, 영구성과 예술적 완성도가 부족하다고 여겼다.

웹소설은 고전이 될 수 없다고 생각한다. 현재 대부분의 웹소설은 재미를 위해 작품성을 희생시킨다. … 독자들이 재밌어할 법한 이야기가 들어 있지 않으면 '돈 아깝네' '전개가 너무 느리다' 등의 댓글이 달리거나 독자가 작품에서 아예 하차하는 상황이 생겨버리니 독자들을 붙잡아 두기 위해 이들이 재밌어할 법한 내용만을 담을 수밖에 없다. 하지만 이런 식으로 재미만을 추구하며 이야기를 전개하면 나중에 개연성이 엉망이 되거나 버려지는 캐릭터가 생길 수 있고 뿌려 놓은 떡밥을 회수하지 못해 아쉬운 결말을 짓게 될 수도 있다. 이렇게 된다면 영구성, 예술적 완성도 등이 떨어지게 된다.

한편 '웹소설은 고전이 될 수 있다'고 주장한 학생들은 작품에서 의미를 찾아내는 건 독자이며, 고전소설이 고전으로 인정받는 경험이 웹소설에 그대로 재현될 수 있다고 여겼다.

웹소설은 고전이 될 수 있다고 생각한다. 웹소설은 현재 많은 관심을 받고 있다. 웹툰, 드라마, 영화 등으로 만들어지기도 하고, 〈나 혼자만 레벨업〉이라는 작품은 애니메이션으로까지 제작되었다. 이것을 보면 독자들의 지속적인 관심이 다른 작품이나 매체에 영향을 미치며 작품의 인기를 오래 유지할 수 있게 해 주는 게 아닐까 싶다. 또한 〈전지적 독자 시점〉을 예로 들어 보자면, 헌터물의 특성상 작품 내용이 산으로 가버리는 특징이 있지만 독창적인 설정과 게임적 요소를 넣어서 스토리를 풀어 가고 각 캐릭터마다의 매력이 존재하는 등 잘 쓰인 부분이 있는 작품이기 때문에 사랑받는다. 이런 점들이 웹소설이 고전이 될 수 있는 이유이지 않을까 싶다.

나는 학생들 사이를 돌아다니며 반대 의견을 계속 내봤다. 한쪽의 입장을 대변하는 글만 제시했던 것이 아쉬웠기 때문이다.

"고전의 기준으로 제시한 내용을 보면, 학교에서 배울 정도로 가치 있는 작품이어야 한다고 했잖아. 그럼 너는 진짜로 웹소설을 수업 시간에 배울 수 있다고 생각해?"

"흠… 고전소설도 더 많은 작품이 있었을 건데 우리가 그중에서 좋은 작품만 몇 개 배우는 거잖아요. 웹소설도 의미가 있는 건 배울 수 있을 것 같아요. 〈전독시〉 같은 거.”

“〈전독시〉를 읽으면서 무슨 생각을 했는데?”

“지하철 에피소드를 보면 아포칼립스 세상에서 엄청 이기적인 사람들도 있었고, 자기가 힘들어도 남을 돕는 사람들도 있었어요. 그 부분을 보면서 나라면 어떡할까, 인간은 어떤 존재인가에 대해 생각했거든요.”

“작가가 그걸 의도했다고 생각해?”

“아예 그걸 대놓고 의도하거나 작품 전체에서 교훈을 전달하려고 한 건 아니겠죠. 그런데 현대 사람들이 그렇게나 이기적이라는 작가 생각이 들어가 있는 거 같아요. 〈전독시〉 읽는 사람들은 다 그런 생각을 했을 것 같아요.”

다른 학생도 대화에 참여했다.

“저희 문학 시간에 《조웅전》 배웠는데, 웹소설이랑 진짜 비슷하던데요. 그런데 교훈이 아니라 영웅소설의 구조나 시대적 특징 배웠어요. 지금 우리한테 '천자에게 충성해라' '착하게 살아라', 이런 교훈을 전달할 건 아니잖아요. 그러니까 미래에도 〈전독시〉를 읽으면서 웹소설이라는 장르의 특징이나 그때 우리나라가 어땠는지는 배울 수 있지 않을까요?”

“오, 《조웅전》이랑 비교하니까 와닿는데?”

“솔직히 〈전독시〉는 토의도 가능해.”

"인정."

생각해 보면 나 역시 내가 좋아하는 작품이 고전이 될 가치가 충분하다는 이유로 고전 읽기 시간에 현대소설 이나 영화, 웹툰과 같은 제재를 다뤄 왔다. 꼭 저명한 학자 들만이 어떤 작품이 고전이라 인증 도장을 찍어 줄 수 있는 것은 아니지 않은가. 웹소설에 대한 독자의 경험과 생각은 이 콘텐츠를 고전으로 인정하는 근거 중 하나가 될 수 있을 것이다.

웹소설이 얼마나 더 발전할지, 미래의 우리가 웹소설 을 계속해서 즐기고 있을지는 아무도 알 수 없다. 하지만 어떤 형식에 담겨 있든, 좋은 작품은 시대를 넘어 지속될 것이다. 언젠가의 문학 시간에는 웹소설의 문학사적 위치 와 의미를 학습하고 있을 수도 있지 않을까.

과거와 현재를 잇는 새로운 상상력 : 〈흥부집 막내아들〉
고전소설에 웹소설 더하기

학교에서 고전소설을 학습할 때는 해당 작품의 의의와 한 계를 배운다. 예를 들어 《박씨전》의 의의는 여성 영웅이 등장한다는 것이고, 한계는 박씨가 뛰어난 능력을 갖고 있음에도 불구하고 현모양처 엔딩으로 끝난다는 점이다. 고전소설 속 인물들은 능력에 비해 목표가 소박하다. 반면 웹소설의 상상력에는 한계가 없다. 나는 이 점이 마음에 들었다. 웹소설적 상상력을 고전소설에 가미한다면, 인물들이 더 큰 목표를 설정하고 더 멀리 나아갈 수 있지 않을까. 마침 웹소설에는 '빙의'라는 장치가 있으니 현대의 인물이 고전소설 속 주인공으로 빙의하면 세계를 제패하는 박씨가 탄생할 수 있을 것이라 생각했다. 기말고사 이후 원하는 학생들을 대상으로 고전소설을 웹소설로 재창작하는 수업을 진행했다. 학생들도 어딘가 답답하고 고루한 결말을 뛰어넘어 작품을 더 재미있게 즐길 수 있을 거라고 기대했다.

시놉시스를 제대로 창작할 시간은 없어서 이전 활동을 기반으로 하고 창작 과정을 간소화한 학습지를 마련했다. 2인 1조로 고전소설의 내용 중 현대적 관점에서 아쉬운 점을 다시 살펴본 후, 이를 극복하는 이야기를 만드는 과정으로 구성했다. '빙의'와 '게임적 요소'를 꼭 활용하도록 했으며 200화까지 연재하는 것을 목표로 에피소드를 써 보게 했다. 주인공의 최종 목표는 소설 유형별로 틀을 잡아 줬다.[11]

"《흥부전》이 웹소설이면 흥부가 놀부를 용서하면 안

되지. 복수 가자."

"춘향이가 조선 최고의 연예인이 되게 해야지. 아니, 여왕까지 갈까?"

"길동이 한 좀 풀어 주자. 마지막에 아버지가 길동이 인정하는 내용 넣는 거지."

학생들은 인물에게 욕망을 부여하며 즐거워했다. 시대적 한계에 갇힌 인물들을 현대적 관점에서 재탄생시키는 것에 쾌감을 느낀 듯하다. 다음은 가장 흥미로웠던 결과물이다. 제목은 〈흥부집 막내아들〉.

아쉬운 점	• 흥부는 무조건 착하고 놀부는 무조건 나쁜 설정이 너무 단조롭다. • 놀부를 용서하는 엔딩이 지금 관점에서 보면 아쉽다.
최종 목표	• 놀부에게 복수하고 세계 최고의 부자가 되는 것. • 아버지를 호강시켜 주는 것.
빙의하는 상황	• 빙의 전 특징: 이름은 '연승진'. 할아버지는 부자였지만 큰아버지가 할아버지의 유산을 가로채서 아빠는 가난하게 산다. 7명의 자식 중 막내임. 아버지에 대한 원망이 있기는 하지만 사랑한다. 돈에 관심이 많아 사업을 하고 싶어 하지만 돈이 없다. • 빙의하는 상황: 연승진은 돈을 벌기 위해 쉬지 않고 아르바이트를 한다. 어느 날 침대에 누웠는데, 과로사로 사한다. 눈을 뜨니 《흥부전》 속으로 들어와 있다.

빙의 후 주인공 설정	· '연도준'. 10세. 엄청 마르고 왜소하다. · 빙의한 시점: 아버지가 제비에게 받은 박을 터뜨렸으나 보물이 나오지 않았다. · 성격: 단호함, 철저함, 전략적, 냉정함. 28남매 중에 살아남아야 해서 악착같다. · 개인 능력: 언변이 좋아서 설득을 잘한다.
게임 상태창 내용	· 메인 퀘스트: 세계 최고의 부자가 되시오. · 서브 퀘스트: 그때그때 바뀜. · 퀘스트를 깨면 상점에 금화가 쌓인다. 금화로 아이템을 살 수 있다. · 아이템: '후추 씨앗' '후추 농사법 족자' '외국어 능력 알약' 등.
추가 설정	· 제비 왕국은 없다. · 주인공이 부자가 되는 것을 방해하는 사람들이 악당으로 등장한다.
에피소드별 내용	**1~10화** 빙의함. 처음에는 형제가 더 많아져서 절망하고 부정했으나 흥부를 보면서 아빠를 떠올림. 현대적 지식을 활용해서 부자가 되겠다고 다짐함.
	11~30화 10세. 아버지와 친해짐. (서브 퀘스트: 아버지에게 효도하시오. 놀부에게 맞는 아버지를 구하시오. 매품을 팔러 간 아버지를 구하시오.)
	31~50화 15세. 집을 떠나서 사업을 시작하려 함. 조선 최고 상인의 제자로 들어감. 상인으로 일함. (서브 퀘스트: 상인을 설득하시오.)

51~ 70화	과일, 말총 등을 매점매석해서 돈을 엄청 많이 벎. (서브 퀘스트: N냥을 모으시오.) 아버지에게 돈을 보냄.
71~ 90화	17세. 스승과 작별하고 땅을 사서 후추 농사를 시작함. (서브 퀘스트: 땅을 사시오. 후추 농사를 시작하시오.) 후추 농사법 족자 아이템 구매.
91~ 110화	농사 기구를 의뢰해서 만듦. 제작자와 친해짐. 후추 농사에 성공해서 아버지에게 돈을 더 보냄. 본격적으로 돈을 벌 생각을 함.
111~ 130화	19세. 세계 지도 아이템 구매. 항해사 등 세계 진출을 위해 필요한 사람들을 모음. 영어 알약 아이템 구매 후 유럽으로 향함.
131~ 150화	20세. 유럽에 후추를 팔면서 계속 돈을 모음. 고려청자, 조선백자, 그림 등 다양한 무역품을 수출해 조선을 알림.
151~ 170화	21세. 가구 회사 창립. 현대 가구 제작법 아이템 구매. 제작자들을 더 많이 모으고 회사를 키워나감.
171~ 190화	24세. 회사가 이런저런 사건을 겪지만 극복해냄. 조선으로 가다 풍랑을 만났으나 살아남음.
191~ 200화	아버지를 만남. 아버지가 조선 최고의 집에서 떵떵거리며 살게 해 줌. 놀부가 빌붙지만 도와주지 않음. 도준이는 계속 사업을 하며 행복하게 삶.

매력 포인트 및 아쉬운 점	· 유명한 《흥부전》의 내용을 바꾼 것이기 때문에 다양한 독자가 흥미를 가질 수 있다.
	· 힘든 생활을 하는 현대인이 부자가 되는 주인공을 보며 대리만족을 얻을 수 있을 듯하다.
	· 연도준을 방해하는 사람들까지 설정하지 못해 아쉽다.

이 학생들은 웹소설을 많이 읽는 아이들이 아니었다. 주인공 흥부가 아니라 흥부네 아들에게 빙의한다는 설정을 어떻게 풀까 걱정스러웠다. 하지만 아이들은 이야기를 나누며 〈재벌집 막내아들〉을 떠올리더니 그것을 패러디해 흥미로운 설정을 더해 갔다. 에피소드가 완결성 있는 짜임새를 갖추지는 못했지만, 흥부네 아들에게 빙의하게 한 것이 오히려 다른 이야기와 차별화되는 지점들을 만들었다. 부를 쌓는 과정에서 《허생전》의 내용을 활용한 것도 재치 있다.

학생들이 창작한 웹소설에서 고전소설의 인물은 새로운 목표를 가지고 재탄생했다. 흥부는 조선 최고의 애니멀 커뮤니케이터가 되기도 하고(흥부가 제비의 다리를 고쳐 주는 것에 착안했다), 큰 부를 쌓아 임금과의 싸움에서 이긴 후 신분제를 없애버리기도 한다. 홍길동과 전우치, 홍계월과 같은 영웅들은 조선을 넘어 세계를 지배한다는 목표를 가진다. 특히 홍길동은 율도국을 신분제가 존재하지 않는 세계로 만들고, 아버지를 감복시켜 아들로 인정받는다. 춘향은 몽룡에게 첫눈에 반하는 것이 아니라 일련의 사건을 해결해 나가는 과정에서 사랑에 빠지고 내면적 성장을 이루며, 소설의 전개를 알고 있다는 이점을 활용해 변학도를 미리 처단한 후 사랑을 쟁취한다. 사랑을 이룬 다음에도 조선 최고의 소설가나 여왕으로 활약한다.

(파워 F의 감상이지만) 고전소설 속 인물들이 주체적으로 자유롭게 움직이는 모습이 뭉클했다. 학생들이 창작한 이야기가 흥미로워서 더 좋았다. 웹소설을 통해 모두가 알고 있는 고전소설의 내용을 조금 비틀어 재미있는 서사를 만들 수 있다는 것이 매력적이었다. 고전소설이 가진 서사적 힘을 발견하고 지금의 맥락에서 변용함으로써 고전문학을 현대적으로 계승하는 또 하나의 방법을 찾았다는 생각이 들었다.

무엇보다 이 활동의 장점은 많은 시간과 노력을 들이지 않고 이야기를 만들 수 있었다는 것이다. 챗GPT를 사용해도 된다고 했으나 이용한 학생은 딱 1명이었다. 왜 챗GPT를 사용하지 않냐 물으니 자신들이 충분히 생각할 수 있고, 이야기를 창작하는 게 즐겁다고 했다. 몇몇 학생은 자발적으로 하루 만에 1화를 완성해 오기도 했다. 이렇게 부담 없이 창작할 수 있는 이유는 고전소설이 내용적 틀을,

웹소설이 형식적 틀을 담당하고 있어서인 듯하다. 소설 창작 수업이 왠지 거창하게 느껴져 한 번도 시도한 적 없었던 나도 쉽게 해 볼 수 있는 수업이었다.

다만 현대의 사상이나 정서가 무조건 우위라고 생각하지 않도록 이끌어 줘야 한다. 실제로 대체 역사물은 '과거는 미개하다'는 사고로 이어질 수 있다는 비판을 받기도 한다. 이 수업에서 현대의 인물이 고전소설의 인물로 빙의해 이야기를 바꿔 나간다는 설정은 대체 역사물과 비슷하다. 학생들이 '고전소설은 수준이 낮다'는 인식을 갖지 않게, 고전소설의 한계는 당대의 특징과 맞닿아 있으며 그 시대의 한계를 한 발짝이라도 벗어나려는 노력이 작품에 담겨 있다는 점을 강조할 필요가 있다.

더 넓고 깊은 읽기를 위한 질문을 기대하며

웹소설을 다루는 수업이었지만, 역설적이게도 나는 수업을 진행하며 계속 '우리는 왜 고전소설을 읽어야 할까?'에 대한 답을 찾고 있었다. 이 질문에 제대로 답해야만 미래에 웹소설이 가지는 가치에 대해 이야기할 수 있기 때문이다. 과거의 나는 고전소설이 시대를 넘어서도 새로운 의미를 가지는 텍스트라는 데 동의하지 못했다. 하지만 웹소설과 엮어 읽는 과정에서 고전소설이 지금도 우리에게 '인간이란 무엇인가' '어떻게 살아야 하는가'라는 질문을 던지고 있음을 깨달았다. 고전소설에 흥미가 생겼다는 것이 이 수업이 나에게 가져다준 가장 큰 성취다.

또한 웹소설에 대한 생각을 정리할 수 있었다. 나에게 웹소설은 상업영화와 같다. 우리는 〈범죄도시〉라는 영화를 가볍게 소비하고 쾌감을 느끼지만, 그런 영화를 시청하는 것을 우려하지 않는다. 〈범죄도시〉의 내용이 그 자체로 교훈이나 깨달음을 전달하지는 않지만, 영화에 반영된 사회상이나 대중의 소망을 분석하고 인물의 선택에 대해 토론할 수 있다. 웹소설도 마찬가지다. 웹소설은 독자의 요구에 발맞춰야 한다는 특징 덕분에 시대의 변화를 빠르게 포착하며 '지금-여기'를 담는 매체로 기능하고 있다. 웹소설 등장인물의 솔직하고 본능적인 선택은 우리에게 고민의 여지를 준다. 내가 수업을 통해 확인한 것처럼, 웹소설은 읽기 경험을 확장시키는 발판이자 현실을 알게 해 주는 매개체로서 좋은 토의의 제재가 될 수 있을 것이다.

2022 개정 교육과정이 도입되면서 '고전 읽기'라는 과목은 사라진다. 하지만 이 수업은 고전소설과 웹소설을

엮어 읽는 것이므로 문학 수업에서 고전소설을 학습할 때 충분히 활용할 수 있다. 내가 진행한 수업은 이것저것 욕심을 부리다 보니 뒤죽박죽이었고, 각각의 고전소설이 지닌 의미와 가치에 대해 깊이 있게 다루지 못했다는 아쉬움이 크다. 또 이제 막 고전소설에 흥미를 갖기 시작한 나에게 고전의 세계는 너무 거대하게 느껴진다. 다만 이 수업을 통해 고전소설을 현대로 한 걸음 다가오게 할 수 있는 가능성을 본 것은 분명하다. 다양한 고전소설과 웹소설의 결합을 통해 과거와 현재를 연결하는 새로운 질문을 만들어 낼 수 있길 기대한다.

고전소설과
엮어 읽기 좋은
웹소설

✦ 싱숑, 〈전지적 독자 시점〉, 네이버 시리즈

〈멸망한 세계에서 살아남는 세 가지 방법〉이라는 소설의 유일한 독자인 '김독자'가 〈멸살법〉의 내용이 현실이 된 세계를 살아가는 이야기. 주연뿐 아니라 조연 캐릭터도 돋보이며, 작가의 문장력이 좋고 다양한 철학적 문제가 담겨 있기도 하다. 영웅소설과 엮어 읽는다면 '영웅' '정의'를 키워드로 읽을 수 있으며, 《최척전》과 같이 전쟁을 다루는 소설과 같이 읽는다면 '극한 상황에서 살아가는 방식' '인간성'을 키워드로 읽을 수 있다.

✦ 추공, 〈나 혼자만 레벨업〉, 카카오페이지

흙수저 헌터였던 '성진우'가 혼자만 레벨업 시스템을 통해 뛰어난 능력을 가지게 되면서 세계관 최강자가 되는 이야기. 전형적인 헌터물로, 영웅소설과 함께 읽기에 적합하다.

✦ 우드아트, 〈회귀 시작이 게이트라곤 안 했잖아요〉, 카카오페이지

여성을 주인공으로 한 헌터물 현대 판타지. 줄여서 '여주 현판 헌터물'. 회귀한 주인공이 던전 게이트를 공략해 살아남는 이야기다. 대부분의 여주 현판물이 로맨스 판타지와 비슷한 데 반해, 이 소설은 여주가 모험과 시련을 거치며 성장하는 과정을 그려 낸다. 《박씨전》《홍계월전》과 같이 여성 영웅을 주인공으로 하는 소설과 엮어 읽기에 적합하다.

✦ 권겨을, 〈악역의 엔딩은 죽음뿐〉, 카카오페이지
레팔진프, 〈언니, 이번 생엔 내가 왕비야〉, 네이버 시리즈

〈악역의 엔딩은 죽음뿐〉은 여성향 공략 게임의 악역에 빙의한 주인공이 다른 인물에게 호감을 얻어 생존하기 위해 노력하는 이야기이며, 〈언니, 이번 생엔 내가 왕비야〉는 약혼자와 언니에게 죽임을 당한 주인공이 과거로 회귀해 사랑과 권력을 얻고자 하는 이야기다. 두 작품 모두 '사랑'을 키워드로 애정소설과 엮어 읽을 수 있는 로맨스 판타지. 로맨스 판타지는 가상의 중세나 게임, 소설 등을 세계관으로 설정하고 있으므로, 배경을 분석할 때 현대 사회의 특징이 드러난 부분만을 찾아내도록 하는 것이 좋다.

✦ 산경, 〈재벌집 막내아들〉, 카카오페이지

드라마로 방영되어 학생들이 내용을 잘 알고 있다는 것이 장점이다. 《흥부전》과 엮어 '돈과 행복' '공정성'이라는 키워드를 중심으로 읽을 수 있으며, 《구운몽》과 엮어 환생 이후의 삶을 대하는 주인공의 태도를 중심으로 읽는다면 '부귀와 공명은 진정한 행복을 가져다주는가?'라는 질문에 의미 있는 답을 할 수 있다.

✦ 주의할 작품들

- 차돌박E, 〈근육조선〉: 헬스 트레이너인 주인공이 수양대군에 빙의해 운동의 중요성을 전파하고 조선의 부국강병을 이뤄 내는 대체 역사물. 역사를 바꾸고자 하는 상상력에 주목해 《박씨전》과 함께 읽었으나, 창작 의도가 비슷하다는 것 말고는 유의미한 비교 지점이 없었다.

- 비가, 〈화산귀환〉: 웹툰으로 인기가 많은 작품이라 학생들이 많이 선택한다. 천마를 처치한 후 죽음을 맞은 주인공이 어린아이로 환생해 화산파를 되살리기 위해 노력하는 무협물이다. 무협물은 언뜻 영웅소설과 비슷하지만, 주인공의 목표가 세상을 구하는 것이 아니라 자신이 속한 문파의 성공이며 무협물만의 특별한 세계관을 바탕으로 하고 있어 영웅소설과 엮어 읽기 어렵다.

01 이야기를 좋아하는 마음은 같으니까

1   웹소설은 카카오페이지, 네이버 시리즈, 문피아, 리디 앱에서 볼 수 있다. 추천 입문작은 〈나 혼자만 레벨업〉(현대 판타지)·〈검술명가 막내아들〉(판타지)·〈이번 생은 가주가 되겠습니다〉(로맨스 판타지)·〈재벌집 막내아들〉(현대 판타지)·〈닥터 최태수〉(현대 판타지)·〈내 남편과 결혼해줘〉(로맨스)다. 이 중 〈내 남편과 결혼해줘〉는 네이버 시리즈에, 나머지는 모두 카카오페이지에 있다.

2   학교 동아리에는 창체 동아리와 자율 동아리가 있다. 창체 동아리는 모든 학생이 의무적으로 선택해야 하고 자율 동아리는 말 그대로 자율적이다. 관심사가 비슷한 학생들끼리 조직해서 꾸준히 활동하면 지도 교사가 생활기록부에 기록한다.

3   김지현, 《우리의 정원》, 사계절, 2022.

4   이유리, 《브로콜리 펀치》, 문학과지성사, 2021.

5   최은영, 《쇼코의 미소》, 문학동네, 2016.

6   "남의 신발을 신고 10리를 가기 전에는 그 사람에 대해 아무것도 말하지 마라"라는 인디언 속담에서 유래된 표현이다. 문학이 필요

한 이유로 자주 언급된다.

7   내면고등학교는 농어촌에 위치한 학교라서 대중교통이 좋지 않
     다. 택시도 없다. 사교육을 일절 받지 않는 학생들은 대부분 학교
     야간자율학습에 참여하고 끝나면 에듀버스를 타고 귀가한다.

8   백덕수, 《데뷔 못 하면 죽는 병 걸림 1부 1》, 위시북스, 2022.

9   남유하 작가의 〈푸른 머리카락〉은 제5회 한낙원과학소설상 작품
     집(남유하 외, 《푸른 머리카락》, 사계절, 2019)에 실린 SF 소설이다. 자
     이밀리언과 지구인 사이에 태어난 소년과 지구인 소녀의 만남을
     다루고 있는데, 우리 사회에 있는 다양한 소수자의 모습이 은유적
     으로 그려진다.

10   조민영·박선미, "1도와 한 방울의 변화를 믿는 힘: 《인생의 역사》
     의 저자 신형철 문학평론가와 함께", 〈함께 여는 국어교육〉 제151
     호, 전국국어교사모임, 2023, 49쪽.

02 책과 나 사이에 그은 선을 지우는 일

1   수업을 준비하며 〈전지적 독자 시점〉을 읽었지만 '전통적 소설과
     의 차이' '웹소설에 반영된 현대 사회의 모습' '웹소설이 인기를 끄
     는 이유' 정도 외에는 강조할 만한 초점을 찾지 못한 상황이었다.

2   단, 이는 절대 '문학교육에 있어 웹소설이 순문학보다 우월하다'는
     의미가 아니다. 이 글은 국어교육에서 웹소설이 기여할 수 있는 영
     역에 대한 제안이다.

3   '심오하다'의 사전적 의미.

4   신형철, 《슬픔을 공부하는 슬픔》, 한겨레출판, 2018, 116쪽.

5   신동흔, 《스토리텔링 원론》, 아카넷, 2018, 79쪽.

6   같은 책, 78쪽.

03 클리셰라는 도움닫기

1 '역사가 다르게 전개되었다면 어떤 일이 일어났을까?'라는 가정에서 출발하는 장르다.

2 2015 개정 교육과정은 글쓰기에서 독자와의 소통을 강조한다. 쓰기는 온전히 작가만의 것이 아니며 독자와의 상호작용을 통해 완성된다는 것이다. 이러한 기조는 2022 개정 교육과정에서도 이어진다. 중학교 국어 '쓰기' 교육과정은 독자를 계속 의식한다. 어떤 종류의 글이든 독자를 염두에 두고 쓰도록 하고, 글을 다 쓴 후에도 독자를 고려해 글을 고치도록 하고 있다.([9국03-08])
웹소설 쓰기 수업은 독자 중심 글쓰기와 더불어 매체 기반 소통에서 나타나는 언어의 특징과 소통 문화([10공국2-06-02])를 안내하는 데도 적합하다. 웹소설 창작은 독자들의 독서 환경이 모바일 디바이스를 바탕으로 한다는 점과 매 화 독자들이 댓글을 남긴다는 점을 고려해 이뤄져야 하기 때문이다.

04 세상을 구하는 웹소설 수업

1 김선민, 《백전백승 웹소설 스토리 디자인》, 허들링북스, 2022.

2 '초대권'을 통해 정식으로 탑에 들어간 것이 아닌, 탑과 연결된 검은 구멍으로 빨려 들어가는 현상.

05 콘텐츠로 미래를 준비하는 너에게

1 한국콘텐츠진흥원, "웹소설 산업 활성화를 위한 정책연구", 〈[KOCCA] 보고서(ALIO)〉 2020년 11월호, 한국콘텐츠진흥원, 2020.

2 이청분, 《챗GPT와 웹소설 쓰기》, 멀리깊이, 2023.

3 챗GPT를 활용하는 방법을 담은 피드백을 줘도 쓰지 않는 아이들이 있었다. 이미 자신이 쓰고자 하는 내용에 대한 생각이 확고해 추가적인 자료 수집 등이 필요하지 않거나, 챗GPT와의 문답이 익숙하지 않아서 몇 번의 오류나 잘못된 정보를 얻으면 활용하지 않았다. 자신이 원하는 답변을 받으려면 여러 번에 걸쳐 구체적이고 분명하게 질문해야 한다. 자신의 소설 창작에 맞는 프롬프트를 만들어 내는 학생 개개인의 질문 능력에 따라 활용도와 만족도에 차이가 있었던 것으로 보인다.

4 불활성 상태, 또는 활동이 멈춰 있는 상태를 뜻한다.

06 이것은 시대를 초월한 이야기일까?

1 〈전지적 독자 시점〉〈나 혼자만 레벨업〉 등 던전이 열리고 그 속에서 나오는 몬스터를 사냥하는 헌터들이 등장하는 장르다.

2 〈재벌집 막내아들〉(산경) 〈만능사원 전설이 되다〉(제이로빈) 등이 해당한다.

3 "'이생망? 내가 원하는 건 다른 결말이야' … 콘텐츠 시장 장악한 회빙환과 먼치킨", 〈한경비즈니스〉, 2024. 3. 11.
"[이슈분석] 3대 키워드로 읽는 웹소설의 세계", 〈월간중앙〉, 2020. 11. 19.
이융희, "장르문학에서 웹소설까지: 장르를 소비하는 다양한 방식들", 〈월간 국회도서관〉 통권506호, 국회도서관, 2022, 14~17쪽.

4 개인별 노트북을 활용해 '마인드마이스터'라는 사이트에 정리하도록 했다.

5 '서해문집 청소년 고전문학' 시리즈에 실린 해설.

6 질문은 고전소설과 웹소설의 줄거리를 학습시킨 후에 해야 한다. 나는 《홍길동전》과 〈전지적 독자 시점〉을 관통하는 질문을 만들

어 줘. 두 작품을 관통하되, 두 작품을 통해 각각 답을 찾을 수 있는 질문이어야 해"라고 질문했다. 또한 당연히 챗GPT가 만들어 주는 대로 수용하지 않았다. 챗GPT가 제공한 여러 개의 질문 중 괜찮은 질문만 추려 냈다.

7   한국고소설학회,《한국 고소설 강의》, 돌베개, 2019, 527~528쪽.

8   2022 개정 교육과정의 성취 기준([12문학01-02])은 작가, 독자, 사회·문화, 문학사적 맥락 등을 종합적으로 고려해 작품을 수용하고 한국문학의 갈래와 변화 양상을 탐구하도록 하고 있다. 이때 고전소설만 다루기보다 고전소설을 웹소설과 비교하면 서사 갈래의 맥락 및 변화를 더욱 선명하게 보여 줄 수 있을 것이다.

9   강우규, "인공지능 시대의 스토리텔링과 이야기 향유 방식: 웹소설 〈전지적 독자 시점〉을 중심으로", 한국문화융합학회, 2021, 597~614쪽.

10   수업이 끝난 후에 찾은《서평 쓰는 법》(이원석, 유유, 2016)에서는 '고전이란 새로운 해석을 버텨 내는 텍스트이며 책 자체에 그러한 해석을 가능하게 하고 독려하는 잠재력이 있으나, 양산형 판타지 소설의 대부분은 이러한 잠재력을 가지고 있지 않다'고 했다. '웹소설은 고전이 될 수 있다'는 주장에 대한 반대 의견을 대표하는 텍스트로 제시할 수 있을 듯하다.

11   영웅소설: 최종 대적자 ~를 무찌르고 최고가 되겠다. ~한 세상을 만들겠다.
애정소설: ~와의 애정을 성취하겠다. 또한 직업적으로 ~를 달성해 자아실현을 하겠다.
사회소설: ~에게 복수하겠다. 혹은 돈을 벌어서 ~가 되겠다.